Zur Text-Genese

Nach über zehn Jahren ausgiebiger Berlinale-Besuche entstand 2008 das erste Berlinale-Protokoll. Es wirkt reduziert und roh, was jedoch sehr gut zu den Filmen dieses stark um Gewalt und Verbrechen zentrierten Festivalprogramms passte.

In den darauffolgenden Jahren wurden die Protokolle umfangreicher und detaillierter. „Früher in Russland ..." ist als Beispieltext für diese Zeit im Buch enthalten. Ausgewählt habe ich ihn wegen seiner Kürze und der Treffsicherheit der „abgelauschten Besucherkommentare". Darüber hinaus wegen der bemerkenswerten Retrospektive, die ein Viertel der beschriebenen Filme des Jahrgangs ausmachte. Sie hieß „Die Rote Traumfabrik" und beschäftigte sich mit dem frühen Sowjet-Kino.

Irgendwann geriet das Format in eine formale Krise. Extensive Nacherzählungen traten an die Stelle konziser Zusammenfassungen. Als Konsequenz daraus wurden die Schilderungen schließlich 2014 auf einen einzigen, den besten Film beschränkt, und dies in der knappen Form eines Netzwerk-Gimmicks.

Lange sann ich über eine Form nach, mit der das Innen und das Außen des Kinos — präziser: realer Alltag, virtuelles Dasein und Filmerlebnisse — miteinander verzahnt dargestellt werden könnten. Mit „Panzer am Zoo" ist ein diesem Anliegen adäquater Ausdruck gefunden worden. 2017 schließlich sind die Ausführungen ein farbenfroher Internet-Blog geworden, der den Namen „Berlinale Check" trägt.

Zu Henning Rabe: Geboren in Berlin. Freischaffender Musiker, Autor und DJ. Komponist, Texter und Frontmann der Band "Iron Henning" (u. a. CDs "Die Poesie der Ekstase"; "Das Aroma der Wünsche"). Zahlreiche Prosaveröffentlichungen. Unter anderem „Das Beben von Nepal. Ein Bericht", „Armenische Äpfel", „Herzgold und Estragon" und zuletzt „Die Karawanserei".

Henning Rabe

Panzer am Zoo

Fünf Texte zur Berlinale

Panzer am Zoo. Fünf Texte zur Berlinale
1. Auflage 2017
© Henning Rabe
Kontakt: facebook.com/ironhenning

Dieses Buch, einschließlich all seiner Teile, ist urheberrechtlich geschützt. Jede Verwertung ist ohne Zustimmung des Autors unzulässig. Dies gilt insbesondere für Vervielfältigungen, Übersetzungen, Mikroverfilmungen und die Einspeicherung und Verarbeitung in elektronischen Systemen.

Inhalt

Panzer am Zoo (2016)

7

Saal 2. Ein Berlinale-Drama (2009)

31

Früher in Russland war alles besser (2012)

41

„The Guests" Ken Jacob (2014)

59

Im Kino gewesen. Gegessen (2008)

60

Panzer am Zoo (2016)

12. 2. Auftakt mit einem Paukenschlag. Das Kino Delphi hat neue Stühle. Breite, blaue Sessel, deren Lehne und Sitzfläche sich beim Zurücklehnen verschieben. In den Reihen am Rand sind daher nur noch drei statt vier Sitze vorhanden, das ganze Kino ist „kleiner" geworden. Damit allerdings schneller ausverkauft.
In „Homo Sapiens" zeigt Nikolaus Geyerhalter (Österreich) Bilder von verlassenen Orten. Sie sind von einer Location Scout-Community entdeckt und werden geheim gehalten. Der Amateurfilmer in mir denkt, so müssen Windaufnahmen klingen. Und, wie gut, dass sie in der arabischen Geisterstadt einen Sandsturm erwischt oder lange genug auf ihn gewartet haben. Nach einem lauten PSCHT in meiner Nähe, steht das junge Paar neben mir auf und geht.
In der anschließenden Publikums-Diskussion offenbart der Regisseur, dass die Windaufnahmen alle im Tonstudio hergestellt worden sind, auch der Sturm wurde aus Zeitgründen digital gebaut. Die Schlachthof-Sequenz wurde in Wirklichkeit aus den Aufnahmen dreier über Europa verteilter Schlachthöfe montiert. Das riecht nach Wermut.
Spazieren zum Zoo-Palast. In Kaori Momois „Hee" (Japan) wird eine Fahrstuhl-Szene dreimal gezeigt. Sie verändert sich jedes Mal in sich und durch den Fortgang der Erzählung. Trotzdem fragt im Anschluss jemand, warum die Szene dreimal zu sehen war. Momoi antwortet: „Als ich das Skript fertiggeschrieben hatte, bemerkte ich, dass ich diese Szene überhaupt nicht brauche. Hätte ich sie aber weggelassen, wäre es eher ein Kurzfilm geworden."

13. 2. Bei Facebook hat Stefan R. gestern einen Tagesschau-Text geteilt: „Bundeskanzlerin Merkel hat sich heute mit der renommierten Menschenrechtsanwältin Amal Clooney getroffen, um über die Flüchtlingskrise zu sprechen. Clooney kam in Begleitung ihres Mannes, einem Schauspieler."
Die portugiesische Joseph Conrad-Verfilmung ragt nicht heraus. Im Gespräch danach sagt eine junge Frau: „Ich heiße soundso und bin auch Regisseurin. Deswegen würde ich mich dafür interessieren, mit welchem Budget Sie diesen Film gedreht haben." Amüsiert recken Leute die Köpfe nach ihr.

Pause vor der Akademie der Künste. Wenig Wolken. Einen „Freak" erkenne ich als solchen. Man sieht den Kommenden oder Stehenden an, ob sie drei, vier, fünf Filme insgesamt oder pro Tag ansehen. Die Körpersprache des Vielguckers sagt: „Hier bin ich richtig, hier fühle ich mich sauwohl." Und dieser kräftige Typ mit Goldrand-Brille und Zopf ist auch so einer.
Danach „Die Geträumten" von Ruth Beckermann (Österreich). Zwei junge Schauspieler lesen in einem Tonstudio aus dem Briefwechsel zwischen Ingeborg Bachmann und Paul Celan. Was für Briefe! Große Dichtung, tiefe Gefühle. In den Pausen zwischen den Aufnahmen lernen sich die beiden Schauspieler kennen. Das mindert angenehm die Dichte. Saallacher: Sein ziemlich verständnisloses „Aha" auf ihre Erklärung ihres Tattoos. Als Celan sich über den antisemitisch motivierten Verriss von Günter Blöcker im Tagesspiegel (1959) beklagt, ein allgemeines Ausatmen des Erschreckens, Mitfühlens. Wunderbares Publikum.
Ich bin so mitgenommen von dem Film, dass ich glaube, ich kann jetzt gar nicht arbeiten gehen. Der raue Wind des Hansa-Viertels und die grelle U-Bahn helfen über die Schicksale der beiden Großen hinwegzukommen. Ich

hole meine DJ-Koffer aus der Kulturbrauerei und fahre zu Clärchens Ballhaus.
Im Spiegelsaal oben feiert das British Film Institute Berlinale-Party. Nach dem Auftritt eines Chors, der in einem Panorama-Film auftaucht, noch Vorspannmusik. Ungeduldige kommen. „Can you make us really dance?" „As we are in Berlin you have to put on Techno!" (Wovon träumt dieser Teenager nachts?) Beginn mit „Let's dance" von Bowie, danach „Thriller", und es läuft. Damit mir die Leute nicht ins Ohr schreien, stelle ich drei Stühle als Barriere neben mein Pult. Eine Frau will sich durchschlängeln. „Stay behind the border, this is East-Berlin!" schreie ich. Sie geht zurück, sagt, das wäre *ihre* Party. (Stimmte zwar nicht, aber einen Wunsch hatte sie frei.) Danach nur noch Lob.
Ich erzähle Vivian, der Veranstalterin, dass ich vor zehn Jahren noch fünf Berlinale-Filme am Tag gesehen hätte, manchmal bei guten aber weggenickt sei. Sie ist begeistert, dass es solche Leute wirklich gibt. Drei Uhr Feierabend. Ein Barkeeper beschwert sich über die Politik des Ballhaus-Chefs. Ich frage, ob ebenjener Chef mir eine teure Flasche Wein spendiere möchte. „Na klar!"

14. 2. Ich komme tatsächlich auf die Beine. Im Cinestar 8 „Ilegitim" von Adrian Sitaru (Rumänien). Ein Mann hat vier erwachsene Kinder. Eine seiner Töchter wird schwanger. Von ihrem Zwillingsbruder. Gegen den Widerstand aller bekommen die Geschwister das Baby.
Die steppenhaften Winde am Potsdamer Platz erinnern mich immer an Kasachstan, das ich nie gesehen habe.
„Creepy" von Kiyoshi Kurosawa. Dieser Film *ist* creepy. Als ich das Paar neben mir zur Ruhe ermahnen will, sehe ich, dass sie ihren Kopf in seiner Achselhöhle vergraben hat, um nicht hinsehen zu müssen. Manche Leute

behelfen sich mit Lachen, wenn es am unheimlichsten wird.
In leichtem Niesel zum Zoopalast 2. Ein herrliches Kino. In „Lao Shi" von Johnny Ma (China) überfährt ein Taxichauffeur einen Motorradfahrer und bringt ihn ins Krankenhaus. Mit der Zeit erfahren er und das Publikum, dass es besser und weniger existenzbedrohend gewesen wäre, wenn er ihn hätte sterben lassen. Am Ende überfährt ihn ein LKW; er lebt noch, doch der Laster setzt zurück.
Im Gespräch danach vertreibt eine Französin zahlreiche Zuhörer mit einem epischen Kommentar, der im Kern behauptet, wir (die Westler) würden heutzutage traurige Filme aus China konsumieren wie früher Kung Fu-Filme. Irgendwann geht der Angestellte, der die Mikrofone an die Fragewilligen verteilt, zu ihr und bittet sie, zum Ende zu kommen.
Im Videotext ist zu lesen, dass sich die diesjährige Berlinale ganz besonders intensiv mit der Flüchtlingsproblematik und aktuellpolitischen Themen auseinandersetze. Da ist zwar im Wettbewerb ein Dokumentarfilm über Flüchtlinge auf Lampedusa, aber ansonsten kann ich das im Programm nicht erkennen. Der Anteil der Politfilme, traditionell nicht gering, scheint so wie immer.

15. 2. Mit der U-Bahn zum Kartenvorverkauf. Auf den Nachrichten-Bildschirmen wird mitgeteilt, dass der Verkehr am Zoo wegen eines Staatsbesuches von Israels Ministerpräsident Netanjahu stark eingeschränkt sei. Zum Glück betrifft das nur die Busse. An den Kassen im Haus der Berliner Festspiele sind wieder nur eine Handvoll vor mir. Ein Gottesgeschenk. Wenn ich da an die verbrannten Stunden im International denke, oder in der Urania vor sechs, sieben Jahren. Oder an die Marter im Europa-Center der Neunziger Jahre, als die Computer noch so langsam waren.

Eine Extra-Rubrik innerhalb des Forums zeigt seit Jahren Reihen von japanischen, älteren Filmen. In diesem Jahr heißt die Auswahl: „Hachimiri Madness – Japanes Indies from the Punk Years". (Hachi heißt auf Japanisch acht, Miri steht für Millimeter.) Auf geht's! In „Isolation of 1/880000" von Sogo Ishii versucht ein junger Mann zwischen Armut, Lärmbelästigung und Pornoheften sich auf eine Aufnahmeprüfung an der Uni vorzubereiten. Er scheitert zum zweiten Mal und läuft Amok in einer Straßenbahn. Im gleichen Programm „The Adventure Of Denchu Kozo" von Shinya Tsukamoto. Das rasante Fantasy-Abenteuer erweist sich als gekonnter Vorläufer seines verbotenen Films „Tetsuo 2". („Tetsuo 1" ist in Wirklichkeit viel schlimmer anzusehen, aber nur schwarz-weiß, da haben die Zensoren wohl nicht so genau hingeschaut.)

Die Fahrbahn der Hardenbergstraße ist um den Bahnhof Zoo herum abgesperrt. Dutzende Mannschaftswagen stehen in Richtung Gedächtniskirche, überall Polizisten in Grün und Schwarz. Keine Säufer vor dem Ullrich!

Akademie der Künste. Die relativ neue Reihe „Forum Expanded" schwankt filmisch zwischen hoher Kunst á la Documenta Kassel und echtem Ausschuss. Im Programm 9 läuft Heinz Emigholz. Er filmt in kontemplativen Einstellungen Architektur. In seinem neuen 29-Minüter zeigt er eine Villa von Le Corbusier und ein Relief von Asger Jorn. Der Freak mit der Goldbrille sitzt in der zweiten Reihe. Sein Kopf schießt von rechts nach links, dann wieder zurück. Als würde er ein Tennis-Match verfolgen.

Später folgt „La Cupola" von Volker Sattel (Deutschland). Die Kuppel hat sich Antonioni auf Sardinien bauen lassen und in ihr gearbeitet, zum Beispiel am Drehbuch von „Zabriskie Point." Lebendig

wird der Halbkugel-Bau durch die Erzählungen der damaligen Haushälterin. So sagt sie zum Beispiel: „Als Monica Vitti hier wohnte, fiel das Licht noch ganz oft aus. Da hatte sie eine Riesenangst im Dunkeln und hat mich dann immer angerufen. Dann musste ich jedes Mal hier oben schlafen, damit sie nicht alleine war. Na ja, an so etwas erinnere mich, aber nicht an irgendetwas aus dem Privatleben. Das geht mich ja auch nichts an."
Ich wäre gern zur Diskussion geblieben, vor allem, weil an UdK-Professor Emigholz eigentlich immer auch dämliche Fragen gerichtet werden, und er reichlich genervt darauf reagiert. („Entschuldigung, aber warum waren so viele Bilder schief?" „Ach herrjechen, das kann unser Gehirn inzwischen schon ganz gut, das umzurechnen, auch wenn die Kamera mal ein klein wenig angewinkelt ist. Ehrlich, das weiß ganz automatisch, wo die Linie von dem Erdboden ist und denkt gar nicht, dass das Haus da schief steht." Aber das Delphi ruft schon wieder.

Salomé Lamas (Portugal) dokumentiert in „Eldorado XXI" das Leben in der peruanischen Goldgräberstadt La Rinconada. Eine der ersten statischen Einstellungen dauert eine Stunde. Zu sehen ist, wie pausenlos Menschen mit Rucksäcken, Taschen oder Kiepen eine Serpentine hinauf- und hinunterlaufen. Auf der Tonspur laufen Interviews mit Minenarbeitern, Bewohnern der Stadt oder Sendungen des Lokalradios, in denen z. B. die Nachrichten voller grausiger Verbrechen verlesen werden. Als danach der erste Schnitt erfolgt, gibt es einen Klatscher vom Rang. Im Gespräch sagt die Regisseurin: „Normalerweise muss man seinem Stab am Abend einen Plan geben, was wird am nächsten Tag passieren, was wird gedreht. Aber in dieser Höhe von über fünftausend Metern kann man einfach keinen Plan machen." Und sie sagt, dass sie einen „richtigen Forum-

Film" machen wollte. Das hört man öfter in den letzten Jahren, selbst von Regisseuren aus Tadschikistan.
Zurück zur Akademie. Midi Z (China) porträtiert in „Jade City" seinen opiumsüchtigen Bruder, der in einer burmesischen Jademine auf der Suche nach dem Fund ist, der ihn auf einen Schlag reich macht. Seit über zwanzig Jahren. Unglaublicher Moment: Von einem Berg filmt Z, wie burmesisches Militär den Schatzsuchern Geräte und Motorräder raubt. Plötzlich wird das Bild schwarz, die Kamera verschwindet im Rucksack, Soldaten haben den Filmer entdeckt. Die Aufnahme läuft. Gebannt starrt ein ganzer Saal auf die Untertitel auf der völlig schwarzen Leinwand. Die Räuber in Uniform verlangen alles, was er bei sich hat, vor allem den Rucksack, es geht um Leben und Tod. Später allgemeines Aufatmen. Sie begnügen sie sich mit dem Moped des Regisseurs.

16. 2. Den (oder einen) Chinesen im Wettbewerb sehe ich immer mit meiner Mutter im Friedrichstadtpalast. Tradition. Als das Licht gerade ausgegangen ist, sagt eine Frau im Rang scharf: „Handys aus!" Dann ruft sie es. Eine erstaunliche Anzahl Besucher kichert und lacht über sie. Daraufhin gibt es einen tüchtigen Gegenapplaus, in den ich einfalle.
Im Film „Chang Jiang Tu (Crosscurrent)" fährt ein Lastkahn den Jangtse von Shanghai herunter immer nach Westen. Ein Schiffer findet an Bord einen anonymen Gedichtband. Herrliche Kamera. Eines der Gedichte wird auf einem tanzenden Vorhang eingeblendet, der das Bild eines Ufers halb verdeckt. Die Aufnahmen der Landschaften haben schon etwas Pathetisches. Ich stelle mir vor, wie ein Produzent eines staatlichen Filmkonsortiums „angeregt" hatte, die Schönheit der Heimat doch etwas mehr herauszukehren. So wie bei uns ein ZDF-Redakteur bei der Drehbuch-Entwicklung

fragen würde: „Können wir nicht irgendwas mit Flüchtlingen reinbringen?"
Schaffe ich es noch zum Vorverkauf, wenn ich mit meiner Mutter einen Kaffee trinke? Höchste Eisenbahn für den Wettbewerbs-Iraner am Freitag. Dass die meistens sehenswert sind, wusste halb Berlin schon vor dem Goldenen Bären für „Nader und Simin". Na, der Kaffee ist jetzt wichtiger. Auf der Friedrichstraße gibt es einen von außen so hässlichen Italiener, dass immer reichlich Platz ist, während sich nebenan bei der Bio-Company die Leute um die Stühle keilen. „Cheese cake und Imbeer ist fertisch", sagt der Kellner auf die Bestellung. „Dann bleibt es bei zwei Stücken Himbeer-Sahne." „Nein, Imbeer ist fertisch!" Bis wir verstehen, dass er *finito* meint, ist an der Anzeige des Vorverkaufs der Iraner von GELB (einige Karten vorhanden) auf ROT (ausverkauft) gesprungen. Wir lachen alle drei.
Dann aber fix. Die S-Bahn hält vor der Einfahrt in den Hauptbahnhof einige Augenblicke. Das geht ja noch. Im Hauptbahnhof steht sie allerdings. Fünf Minuten, dann zehn, dann fünfzehn. Ein Polizei-Einsatz am Bahnhof Zoo wird durchgesagt. Den Vorverkauf kann ich abschreiben. Irgendwann aber befällt mich die Sorge, ob ich überhaupt pünktlich zum Kasachen komme. Endlich fährt der Zug ab. Hält aber vor jeder Station auf der Strecke. Die Spannung steigt.
Nach fünfunddreißig Minuten „Fahrt" endlich der Bahnhof Zoo. Ich komme heraus und denke, ich sehe nicht richtig: Zwischen den Mannschaftswagen, die die Hardenbergstraße säumen und abriegeln, stehen Panzer! Auf dem Weg zum Zoo-Palast lautstarke Verwunderung in allen Sprachen. „Oh my god, tanks!" „Armija" „Como en la guerra" fliegen Fetzen des Entsetzens an mein Ohr. Bei Hek-Ticket ein schmaler Durchlass für Fußgänger. Ein Polizist zu einer Frau: „Sie dürfen hier ja durch, aber Ihr Fahrrad nicht."

Fünfzehn Minuten vor Beginn betrete ich den Zoo-Palast. Im Saal 1 ist das Publikum völlig aufgekratzt. Es wird dunkel, ein Telefon klingelt. Fünfmal, dann wir es herausgenommen, das Klingeln ertönt in Disco-Lautstärke. „Telefon!", ruft jemand. Gelächter. Noch beim Vorspann Kaffeehaus-Lärm. „Leute!", mahnt eine Frau, dann kehrt Ruhe ein. In „Ranenui Angel / The Wounded Angel" erzählt Emir Baigazin (Kasachstan) die Geschichte von vier Schuljungen um die dreizehn. Einer von ihnen sammelt in seiner Freizeit Kupfer in verlassenen Industrieanlagen. In einer dieser Ruinen stößt er auf drei Altersgenossen, die dort in einem höhlenartigen Gelass wohnen. Als sie, entlaufene Heimkinder, Klebstoff schnüffeln, geht er und verriegelt den Ausgang ihres Unterschlupfs von außen.

Draußen auf der Hardenbergstraße wird mir klar, dass Netanjahu im neuen „Waldorf Astoria" residiert. Ein merkwürdiger Standort für ein Nobelhotel. Die ohnehin nicht gemütliche Gegend gehört mit den Junkies, den Säufern vor dem Ullrich und den Leuten, die in der Deutschen Bank wohnen, an manchen Tagen immer noch zum Trostlosesten, was unsere Metropole so zu bieten hat. Hinter dem Bahnhof komme ich wieder zum Ende der Sperren. Auch dort steht ein Panzer. Das Schussrohr erscheint merkwürdig dürr, als würden nur Gewehrkugeln herauskommen können. Es wird klar, dass diese Panzerfahrzeuge nur oder "nur" mit Wasser geschossen hätten.

„Ta'ang" von Wang Bing ist die Komplementär-Dokumentation zu „Jade City". Aus dem burmesischen Katschin-Staat, in dem der in letzterem Porträtierte nach Jade schürft, fliehen die Angehörigen der Volksgruppe der Ta'ang vor dem dortigen Bürgerkrieg nach China. 1998 war ich bei dieser Minderheit „zu Besuch", zur Zeit von Diktatur und Friedhofsfrieden. In Sicherheit sitzen die Geflüchteten am Lagerfeuer. Reden darüber, wer für die Unabhängigkeits-Miliz kämpft, wer auf der Flucht wen im Stich gelassen hat und wer wo untergekommen ist. Dabei fließen die Namen und Geschichten merkwürdig in den Hintergrund weg. Das Entscheidende ist, dass der Zuschauer selbst am Lagerfeuer sitzt – die Kamera filmt in Kopfhöhe, die Szene dauert eine Dreiviertelstunde – und nicht durch Analyse oder Erklärung, sondern durch die Unmittelbarkeit ins Geschehen gezogen wird.

Im Internet hat Tagesspiegel.de heute rbb-online zitiert: „Ab 14 Uhr sollen Balkone nicht mehr genutzt werden, um Scharfschützen nicht zu irritieren." Halte ich zuerst für einen Witz á la Postillon, es handelt sich jedoch um eine „Service-Meldung".

17. 2. Bei Facebook erzählt Ol S., der beliebte Zeichner und Edward Hopper-Fan, was er am Morgen erlebt hat. Bei minus 1 Grad stand er um neun Uhr am Helmholtzplatz und fotografierte am Spielplatz. Als eine blonde Nord- oder Westeuropäerin ihm auf die Schulter tippte. „Nicht fotografieren! Ist für Kinder." Auf jeden Einwand wiederholte sie ihren ersten Satz, immer wieder. Kopfschüttelnd ging er irgendwann, der Tag war gelaufen. Er fragt in seinem Post: „Was machen solche Leute eigentlich, wenn Krieg ist?" Vor mir haben bereits 103 Personen „Gefällt mir" gedrückt.

Sonne. Ein letztes Mal zur Vorverkaufskasse. Niemand steht vor mir. Der Verkäufer, zu dem ich immer gehe, sieht geschlaucht aus. Der Wettbewerbs-Iraner ist in allen drei Vorstellungen ausverkauft. Natürlich. Der Pole, wenn er sich nicht überschneiden soll, ebenso. „Was ist denn los heute?" fragt der Verkäufer. Kahlschlag auch beim Panorama. Zum Glück wollen so wenige ins Forum.

Im Delphi bei „Hachimiri Madness". Ein beleibt klingendes Paar kommt zu spät, poltert in die Reihe

hinter mir hinein. Kaum sitzen sie, fängt er laut an zu reden. Ein Russe. Ich bitte um Ruhe. Nichts passiert. Ich frage, ob er endlich leise sein kann. Er antwortet auf Russisch: „Sprichst Du japanisch ja? Sprich mal russisch, auf Russisch versteh ich dich auch." Schimpfwörter habe ich gerade kein einziges parat, vor Ärger und Unausgeschlafenheit. Macht man so etwas? Ol fällt mir ein; eine schlechte Begegnung, und der Tag ist gelaufen.
Auch der Film „Saint Terrorism" von Masashi Yamamoto ist weniger erbaulich. Exemplarische Szene: Auf der Bühne eines winzigen Show-Raums spielt ein Darsteller einen Geschäftsmann, der ein Schulmädchen anspricht, das den Weg verloren hat. In Nullkommanichts sind sie nackt. Das Publikum sitzt nur zwei Meter von der Aktion und feuert ihn an. „Gib's ihr!" „Fass die Dinger an, schön doll!" Er hat eine Erektionsschwäche und geht ab. Sie weint daraufhin. Hinter der Bühne versetzt der Mann durch rigoroses Reiben sein Glied wieder in Gefechtsbereitschaft und kommt zurück. Freude bei ihr und auf den Stühlen des Etablissements.
In „Inertia" verschwindet ein Mann. Seine Frau sucht ihn oder sitzt allein zu Hause und rätselt. Am Ende findet sie ihn vor dem Wohnblock, in dem sie wohnen. Man sollte Regisseur Idan Haguel (Israel) vielleicht mit einem guten Drehbuchautoren bekanntmachen.
In „Landstück" porträtiert Volker Koepp Bewohner des Oderbruchs. Herrliche Kamera. Saallacher: Ein Bewohner zeigt, wie er mit den Ohren wackelt. Szenenapplaus: Ein Bio-Bauer erläutert die Schäden, die dem Gebiet durch industriellen Ackerbau entstehen.
Inzwischen quält der Hunger. Die Zeit reicht nur für eine Wurst bei Curry 36. Die gehört zum Filmfest aber dazu. Im Cinestar 8 am Potsdamer Platz ist dann jedoch noch gar kein Einlass, die Diskussion dauert noch an. Da hätte ich den „Asia-Pavillion" dicke geschafft! Diese

offene Selbstbedienungs-Gaststätte in den Arkaden, durch die Einkaufende und Gaffer hindurchgehen, ist einer der besseren Orte am Platze für ein warmes Gericht. Was für eine Infrastruktur. Und wie helfen sich die windzerzausten Filmgäste der Stadt eigentlich, wenn sie Hunger bekommen? Nun ja, zumindest bemerken sie, dass wir es hier dem Glitzer-Hype zum Trotz eben immer noch ein bisschen „oll" haben.
Das Kino ist nicht einmal halbvoll. Liegt sicherlich auch daran, dass die Kartenpreise für Cinemathek-Mitglieder von vier auf elf Euro heraufgesetzt worden sind. Nur im Arsenal und den windigen Sälen von Delphi und Akademie der Künste gelten noch die billigen Sammelkarten. Da fehlt so mancher Fachmann.
Hinter mir sitzt eine relativ junge Frau, und neben ihr im Gang hockt ein Fünfzigjähriger mit grauem Bart. So ein Narr. Natürlich sorgt der Flirt für Unruhe. Nach jeder Ermahnung von mir gibt es Erholung, aber nicht für lang. Beim dritten Mal zeige ich dem Zausel ein unanständiges Handzeichen. (Umsetzen wäre klüger gewesen oder anleuchten mit meiner Trekking-Lampe; dazu habe ich sie doch immer bei mir.)
In „Maquinaria Panamericana" von Joaquin del Paso (Mexiko) geht es um einen Betrieb, der gerade bankrottgegangen ist. Herrlich: Am Abend des ersten Tags, nachdem alle Angestellten das erfahren haben, wird eine kleine Party gefeiert. Zunächst ganz harmlos, aber die Bowle ... Beispiel für die originelle Tonbearbeitung: Eine opulente Filmmusik (also im Off) bricht plötzlich ab, als jemand in der Fabrikhalle einen winzigen Recorder (also im On) ausschaltet.
Im Anschluss erzählt der Regisseur, dass sein Team das 35 mm-Material bei Fuji-Film kurz vor deren Bankrott gekauft hätte, mit einem Rabatt von 90 Prozent. Auch die Kamera kam stark verbilligt von einem Pleite-Unternehmen. Ebenso wurde das Filmmaterial fast

umsonst von einer, natürlich, insolventen Firma entwickelt. Applaus für diese Kongruenz.
Morgen esse ich so viel, dass mich niemand nervt.

18. 2. Hachimiri Madness. In „A man's flower road" von Sion Sono vertreibt gleich am Anfang eine minutenlang schrillende Alarmglocke an die zehn der nur ca. fünfzig Zuschauer. Wer sich auf der Leinwand mit wem prügelt, wer demonstriert, ist nicht zu durchdringen. Auf jeden Fall stopfe ich mir einen Ohrstöpsel ins Ohr. In der zweiten Stunde wird es ruhiger und eine Art home movie. Exemplarische Szene: Die kleine Schwester sitzt mit der Kamera in einem Baum. Verheddert in Seile spielt Regisseur Sono, dass er herauf und sie aus der hohen Krone befreien will. Er schreit: „Ich komme nicht hinauf, aaaah! Wie soll ich dich retten? – Dreh weiter! – Aaaah, ich muss hinaufkommen!"
Der Obdachlose, der mit halbem Hausrat am Hinterausgang vom Ullrich wohnt, ist wieder da. Die Säufer auch. Am Yva-Bogen, der unterhalb der S-Bahngleise den riesigen Supermarkt flankiert, stehen gleich vier von ihnen und pinkeln an die Wand. Der Steak-Sandwich-Laden gegenüber hat es bestimmt schwer.
Zu „The Revolution won't be televised" von Rama Thiaw (Senegal) kommen dann auch wieder die anderen Delphi-Stammgäste. Die bestimmt über siebzigjährige Dame mit den weißen Haaren (Spitzname naheliegend „Oma") besucht seit Jahr und Tag die ersten drei Berlinale-Vorstellungen im Delphi. Stark. Nur der Sex & Crime-Terror von gestern hat ihr wohl den Acht-Millimeter-Madness verleidet. Der Mann, der immer mittig ganz rechts sitzt und vor dem Film Graubrot-Stullen isst, („Stulle") ist auch da.
Im Film geht es um die Aktivisten der Bewegung „Y'en a marre" (Wir haben die Schnauze voll), die den Langzeit-

Präsidenten Wade stürzen will. Zwei von ihnen sind gleichzeitig populäre Hip Hop-Musiker. Exemplarische Szene: Einer der Revolutionäre sagt im Hauptquartier der Bewegung: Wir haben uns eigentlich hier immer getroffen, um Politik zu diskutieren und die aktuelle Lage zu analysieren. Aber den ganzen Tag höre ich die Musik von diesem Nintendo. Da kann ich einfach nicht denken, diese Musik macht mich krank. Rapper Thiat nimmt die Schuld auf sich, räumt ein, es wäre ein Fehler gewesen, die Playstation mitzubringen. Der Andere darauf: Gut. Noch etwas. Wir beide dürfen niemals gleichzeitig hier schlafen. Sie überwachen uns doch. Wenn sie wissen, dass wir beide hier sind, können sie uns auf einen Schlag umbringen, und die Bewegung hat ihren Kopf verloren!
Im Anschluss fahre ich fast aus dem Sitz, als die beiden Hip Hop-Stars und Aktivisten auf die Bühne gerufen werden. Ist ja bei den Forum-Filmen üblich, aber ich denke: Sie sind wirklich hier! Vor allem die Frauen sind auch ganz aus dem Häuschen. Eine fragt im Gespräch, ob Rapper Kilifeu spontan etwas singen könnte. Der Tupac Senegals fängt sofort an. Jubel (fast) wie bei einem Konzert.
Dann habe ich ein Loch im Programm. Heute früh erst bemerkt und abgewunken. Vor fünf, sechs, sieben Jahren noch wäre ich in Verzweiflung verfallen. Eine Programmlücke! Da wäre ich zum Panorama-Schweden gefahren und hätte es an der Tageskasse versucht. Aber es ist nicht mehr da, dieses unrasierte Schwitzen, diese gehetzte Aufgeregtheit. Die Trauer, diesen Wettbewerbs-Polen oder jenen Forum-Taiwanesen zu verpassen. Der Zorn beim Vorverkauf, wenn der Iraner von Gelb auf Rot springt. Im Ullrich versuche ich, eine herkömmliche Seife zu kaufen. Finde keine, dafür Roastbeef, Belag, Äpfel und Studentenfutter.
Wieder nur knapp die Hälfte der Sitze im Cinestar besetzt. „Yarden" von Mans Mansson. Bei diesem

Schweden, der schon 2009 herausragte, gehört über beide As ein Kuller. Es geht um einen alleinerziehenden Mann, der sich auf einem Autoverladehof am Hafen verdingen muss. Dort wird schlecht bezahlt, eine Sekunde Verspätung wird mit Lohnabzug für eine Viertelstunde sanktioniert usw. Lohnend ist nur das „Bonus-System". Wer Sabotage, Diebstahl, Schludrigkeit eines Kollegen meldet, erhält Sonderprämien. So wird er eines Tages unverschuldet angeschwärzt und entlassen. Der Gerichtsvollzieher kommt, der Stinkstiefel von Sohn hat Ansprüche; es wird prekär. Um wieder eingestellt zu werden, behauptet der Mann, dass sein nettester Kollege Halil derjenige sei, welcher regelmäßig Airbags aus den Autos stiehlt.

Aus dem Videotext. Im sächsischen Rechenberg-Bienenmühle, Ortsteil Clausnitz, hat eine Ansammlung von Einwohnern die Zufahrt eines Busses mit Flüchtlingen zu ihrer dort geplanten Unterkunft blockiert, u. a. mit einem Traktor. Der Polizei gelingt es nicht, die keifende Menge aufzulösen. Die Flüchtlinge weigern sich, aus dem Bus zu steigen. Als ein Teeanager den unmutigen Dorfbewohnern den Hämefinger zeigt, beginnt die Polizei, die Businsassen teilweise unter Gewalt in die Unterkunft zu verbringen. Auf Facebook ein Aufschrei der Empörung gegen das Vorgehen der Polizei.

19. 2. Hachimiri Madness. „Hanasereru Gang" (ungefähr „Die per Erzählung wiedergegebene Gang") von Nobuhiro Suwa ist ein ruhiger Krimi á la Nouvelle Vague. Eine junge Frau und zwei Männer bilden die Bande, die einen prallen Geldkoffer erbeuten. Wer umkommt, wer mit oder ohne Geld davonkommt, wird in allen möglichen Varianten erst in die Kamera erzählt und dann gespielt. Die nummerierten Kapitel purzeln

hierbei spielerisch durcheinander. „Godard" sagt irgendjemand beim Hinausgehen.
Der Film „Rio Corgo" ist so leise, dass man zu hören vermeint, wenn jemandem auf der anderen Saalseite ein Schnürsenkel aufgeht. Und langsam. Und ereignislos – Höhepunkt der ersten Stunde ist ungelogen, wie sich der schlafenden Hauptfigur eine Katze ins Gesicht setzt. Trotzdem puppt der Streifen den Zuschauer nach und nach in sich ein, niemand geht! Ob es ein Dok- oder Spielfilm ist, erschließt sich nicht. Warum, erklären die Regisseure Maya Kosa und Sergio da Costa (Portugal) danach. Silva, dem Mann, den sie porträtieren wollten, sagten sie immer wieder, er solle sich ganz natürlich verhalten. Das verstand der Alte mit dem Sombrero aber nicht, denn nach seinem Dafürhalten *spielte* er in diesem Film sich selbst. So spielte er eben, statt sich von der Kamera beobachten zu lassen.

Zum dritten Film kommen außer Oma und Stulle noch mehr alte Bekannte. „Rod Steward" zum Beispiel, dessen Haare mir schon Ende der Neunziger Jahre einige Untertitel zerstochen haben. Martin O., Filmsammler und -experte, sucht einen freien Platz. Ich rufe ihn herbei. Wir loben den Kasachen, dann muss er auf den Rang eilen. Es ist proppevoll bei „Verfluchte Liebe Deutscher Film" von Dominik Graf und Johannes F. Sievert. Hier kommen Regisseure zu Wort, die eine Art Gegenbewegung zu den Oberhausenern bildeten. Sie sagen, sie konnten mit den intellektuellen Diskursen von Kluge, Reitz und Peter Schamoni einfach nichts anfangen und wollten einen realistischen, dabei auch von *vielen* Zuschauern angenommenen Genre-Film auf die Leinwand bringen. Richtig witzig sind in ihren Interviews überraschend Mario Adorf und Regisseur Roland Klick, eine „ganz coole Sau", wie er selbst sich ausdrücken würde.

Unter den zahllosen Ehrengästen auf der Bühne ist auch Peter Berling. Ich sehe ihn zum ersten Mal en nature. Hoffentlich ist er gesund, er wirkt ein wenig dünn. Richtig kachektisch sind hingegen die Fragen des Moderators. Ich verlasse das Klassentreffen der Altgedienten vorzeitig.

Am Zoopalast ist der irische Panorama-Krimi ausverkauft. Natürlich. Die letzte Option wäre die Abendkasse des Berlinale-Palasts für den Iraner. Aber wer je dieses tumultartige „1. Mai in Kreuzberg"-Gedränge vor einem iranischen Wettbewerbs-Beitrag erlebt hat, weiß, dass er die Flinte lieber gleich ins Korn wirft. Instinktiv habe ich erstmalig einen der Tagesspiegel mitgenommen, die im Delphi-Foyer umsonst ausliegen. Tradition.

Im Berlinale-Teil große Fotos von Meryl Streep, Spike Lee und Gérard Depardieu, nebst Hudel-Hymne auf den Neurussen. Dafür sind Empfehlungen für Forum-Filme verschwunden, ganz und gar. Bei den Rezensenten ist nahezu alles gleich geblieben: Im Bewertungs-Spiegel der Kritiker haben zwei den Iraner nicht gesehen. Eigentlich auch Tradition. Kerstin Decker schreibt nach wie vor die erhellendsten Artikel. Der heutige ist über den Acht-Stunden-Film „Hele Sa Hiwagang Hapis/A Lullaby to the Sorrowful Mystery" von Lav Diaz (Philippinen). Sie fragt: „Warum filmt man einen Dschungel eigentlich schwarz-weiß?" Martenstein finde ich „eher so mittel". Er ist eben für die Breitenwirkung zuständig. Wie beim Festival insgesamt Dieter Kosslick, den Berlinale und unsere Stadt wohl immer auch als Marke umtreiben.

20. 2. Umberto Eco ist gestorben. Die Meldung ist aus dem Videotext, bei Facebook rührt sich nichts. Die Polizei Sachsen bewertet unterdessen das Verhalten der Einsatzkräfte in Clausnitz als „angemessen und verhältnismäßig" und leitet Ermittlungsverfahren gegen die Flüchtlinge ein, deren Gesten die Blockierer provoziert hätten.

Hachimiri Madness. Homosexuelle veranstalten Drag-Kostüm-Umzüge oder Plansch-Partys im Abwasserkanal. Bei einer der letzteren Gelegenheiten zieht sich Sion Sono als Darsteller eine Blutvergiftung zu. Der reale Krankenhausaufenthalt wird gefilmt. Eine Schwester fragt: „Filmen Sie?" „Ja." „Auf welchem Sender wird das ausgestrahlt?" – Für einen Ohrstöpsel wird es Zeit, als ein Müllwagen über eingebautes Mikrofon die Stadtbewohner auffordert, ihre Tageszeitungen gegen Toilettenpapier zu tauschen.

Vorm Ullrich gibt es eine heftige Auseinandersetzung zwischen zwei der Herumlungernden. Die Sprache ist nicht identifizierbar. Einer hat sich unter Drohgebrüll vor dem anderen aufgebaut, gleich knallt es. Doch der Wüterich begnügt sich damit, eine Bierflasche auf die Fahrbahn zu schmettern.

„Aru Michi (A Road)" ist ein ansprechendes Selbstporträt des japanischen Filmstudenten Daichi Sugimoto. Laut Tafel im Foyer ist er der jüngste Berlinale-Regisseur aller Zeiten. Der Film ist so laut, dass ich unter zwei Ohrstöpseln immer noch alles deutlich verstehe. Als Sugimoto mit hektischer Handkamera filmt, wie er mit Schulfreunden in einem Park auf Eidechsenjagd geht, muss ich in Reihe Sieben auch die Augen schließen.

Nun ist mir übel. Wie nach einer Runde mit einem unklug gewählten Fahrwerk auf dem Rummelplatz. Eine halbe Tablette und ein Rindfleisch-Gemüse-Gericht im „Go Go Hachi" im S-Bahnbogen sorgen für Linderung. Im Restaurant sitzt noch ein Vielgucker („Glatze"). Er erzählt dem Kellner beim Bezahlen, dass er zu jeder Berlinale aus Hildesheim anreist.

In „Zhi fan ye mao/Life after Life" von Zhang Hanyi (China) schlüpft eine gestorbene Frau in den Körper

ihres Sohnes, um mit ihrem Mann Dinge zu erledigen, die sie zu Lebzeiten nicht geschafft hat. Unter anderem finden sie den Onkel des Mannes, der als Hund wiedergeboren worden ist. Über dem ganzen Film liegt ein unirdisch bleicher Gelbschleier. Mit ein wenig Filterhilfe ist der Dauersmog der nördlichen Kohleprovinzen zum künstlerischen Mittel geworden.
Die Regentropfen sind schwer und dicht geworden. Ich rauche unter dem Eingangsdach des Delphis. Da meldet jemand, dass die Preise bekannt gegeben worden sind. Ohne Mühe höre ich, was aus dem Telefon vorgelesen wird. Goldener Bär für „Fuocoammare" aus Italien. Der Flüchtlings-Film. Großer Preis der Jury an „Death in Sarajevo" aus Bosnien- Herzegowina. Ich weiß nicht, weshalb mich das enttäuscht. Hat man die diesjährige Berlinale etwa zu dem gemacht, als was sie in den Medien beschrieben wurde? Silberner Bär für eine herausragende künstlerische Leistung an die Kamera von „Chang Jiang Tu (Crosscurrent)". Gesehen, genossen, Freude. Die anderen Silber-Preise bunt gemischt, kein Film mit mehr als einem Bären. Den Überflieger hat es dieses Jahr also nicht gegeben. Wie vor fünf Jahren, als Bela Tárr und Jafar Panahi – Publikum, Kritik und Filmleute samt Jury einig wie nie(?) – die Trophäen quasi allein unter sich ausmachten.
Zum Zoo-Palast gehe ich nicht über den Yva-Bogen, der ist mir heut Abend zu düster. Auf Holzplanken geht es die Joachimsthaler Straße entlang, vorbei an der Baubrache, die der Abriss der Gebäude mit World of Sex, Beate-Uhse-Museum, Pfandleihhaus und 24-Stunden-Blumenladen geschaffen hat. Weil es beim Film noch nicht hineingeht, spaziere ich nervös um ein paar Foyer-Säulen herum. Da stiert mich jemand überdeutlich an. Ach, das ist Goldbrille, der Tennis-Gucker aus der AdK. Wer weiß, unter welchem Namen ich bei ihm firmiere.

„Remainder" von Omer Fast (Israel) war ein Tipp der Experimental-Filmerin Katharina J. aus Köln. Dafür kann man sich nur bedanken. Die Handlung: Einem jungen Mann fällt aus der Höhe ein riesiger Gegenstand auf den Kopf. Aus dem Koma erwacht, erhält er 9,5 Millionen Pfund Entschädigung. Dieses Geld nutzt er, um seinen diffusen Erinnerungen an die Vergangenheit auf die Sprünge zu helfen. So mietet er z. B. ein ganzes Haus und lässt Statisten darin seine alten Nachbarn mimen. Auch einen Banküberfall lässt er nachstellen, allerdings in einer echten Bank mit echten Waffen. Dem Blutbad entkommt er mit einem ominösen Rollkoffer und findet sich plötzlich in der nun wiederholten ersten Szene des Films wieder: Gleich wird ihm der riesige Gegenstand auf den Kopf fallen.

Im Internet findet sich ein Ausblick auf die Verleihung vom Mittag. Fabian Wallmeier, rbb-online, schreibt: „Diesen Film mit dem Goldenen Bären auszuzeichnen, wäre allerdings ein fatales Signal für die Wahrnehmung der Berlinale. Sie würde damit zwar ihren Ruf als politisches Festival untermauern - ihr Ruf als Festival der Filmkunst wäre damit aber gefährdet. Filmisch nämlich gibt "Fuocoammare" wenig her." Mir sind jetzt aber erst einmal die Preise der unabhängigen Jurys wichtiger: Allein, ich habe kaum prämierte Filme gesehen. „The Revolution won't be televised" (Senegal) immerhin hat den Preis der Fipresci-Juroren und eine lobende Erwähnung beim Caligari-Preis bekommen. Ja, das war ein höchst erfreulicher Zufallstreffer! Es folgen völlig müßige Gedankengänge: Warum habe ich den Polen (Drehbuch-Bär) nicht woanders eingebaut? Hätte ich nicht doch *einmal* um halb acht aufstehen sollen, um mir den achtstündigen Philippiner (Alfred-Bauer-Preis) anzusehen? Hätte ja bei Bedarf mal die eine oder andere Stunde verschlafen können. Ach, das hat doch nie geklappt. Sollte ich mich wieder akkreditieren lassen?

Dann hätte ich wie früher die Option, vorm Ende eines mageren Films hinauszuschlüpfen und in den nächsten zu huschen. Aber halt, ich wollte doch nie wieder diese bis zum letzten Moment aufreibende Unsicherheit, ob ich noch eingelassen werde, während die Zuspätkommer locker einspazieren und ihre Kaufkarten schwenken wie ein frisches Visum. Das ist doch überhaupt alles Quatsch, ich bin doch total glücklich mit dem diesjährigen Forum, das ja auch noch gar nicht vorbei ist. Ob Christoph Terhechte, der Forum-Kurator eigentlich bei Facebook ist? Mit dem würde ich mich gern „befreunden" und ihm dann ein gehöriges Kompliment geigen.

21. 2. Forum-Chef Terhechte ist jetzt mein Facebook-Freund. Ansonsten im Internet weitere Kritik an der Jury-Entscheidung. Auf der Webseite von Deutschland-Radio Kultur steht: „Das waren für mich eher journalistische Bilder", sagt etwa Katja Nicodemus über den Gewinnerfilm „Fuocoammare". Er sei deshalb im Wettbewerb „deplatziert gewesen."
„Die Entscheidung der Jury, den Hauptpreis der Berlinale einem Dokumentarfilm über die Flüchtlingskrise zuzusprechen, ist zwar ehrbar, aber beinahe reflexhaft. Die Kunst wird an den Rand gedrängt." Das kommt von Susanne Ostwald, Neue Zürcher Zeitung. Natürlich kann ich auch anhand dieser Deutlichkeiten die Sache nicht einschätzen. Habe den Film ja nicht ausgesucht und gesehen. Warum nicht, sagt Anke Westphal von der Berliner Zeitung: „Letztlich sind auch Kritiker nur Kinozuschauer, die eine Atempause brauchen von jedweder politischen Brisanz ..."
Das letzte Programm des Acht-Millimeter-Madness entpuppt sich als ungewöhnlich angenehm. Bei „UNK" von Makoto Tezka denke ich ‚wie schön', passe aber gar nicht richtig auf, bis bemalte Negative erscheinen. Sein

zweiter Kurzfilm „High-School-Terror" löst Heiterkeit aus. Auch wenn er auf den Punkt inszeniert und geschnitten ist, wirkt er putzig; wie ein Highschool-Projekt inklusive mitspielender Klassenkameraden. Auch bei „The Rain Women" von Shinobu Yaguchi wohlwollendes Gelächter, als die Regenfrauen ein ruppig quietschendes Lied über das Wetter singen. Im zweiten Teil sucht eine von ihnen ihre Mutter. Unter anderem fleht sie weinend einen (realen) Taxifahrer an: „Fahren Sie mich unbedingt schnell zu meiner Mutter, sonst bekommt der Film keinen Höhepunkt."

In „Tales of two who dreamt" erzählen ungarische Emigranten ihre leidlich interessanten Erlebnisse in die Kamera. Punktiert wird dies durch Aufnahmen ihres Neubaublocks, eines Sportplatzes und von Bahngleisen. Die Unruhe im Arsenal-Publikum ist enorm. Alle paar Minuten verabschiedet sich jemand. Das aufgekratzte Paar, dem ich ein rigides PSCHT in die Hinterreihe geschickt habe, gibt nach einer Stunde auf. Deutlich merkt man den Regisseuren Andrea Bussmann (Kanada) und Nicolás Pereda (Mexiko) an, dass sie wohl einige Kunstfilme gesehen haben, aber nicht wissen, wie man selber einen fabriziert. Und die Mühe, einen Langfilm „vollzubekommen".

Nur fünfzehn Minuten Pause, aber mit dem Durchgang vom Arsenal zum Cinestar kein Problem, sogar eine Zigarette auf der Potsdamer Straße ist drin.

„Trivisa" von Frank Hui, Jevons Au und Vicky Wong spielt nicht nur 1997 in Hongkong, kurz vor der Übergabe der Kolonie an China – er wirkt auch ganz wie ein eleganter, hochgradig unterhaltsamer Hongkong-Krimi aus dieser Zeit. Die drei „Könige der Diebe" wollen sich aus unterschiedlichen Motiven zu einem Super-Coup zusammentun. Bevor es jedoch zum glorreichen Treffen kommt, werden die Gangster erschossen. Von Polizisten, von Soldaten der

Volksbefreiungs-Armee auf dem Festland, von einer Hongkonger Spezialeinheit. Das letzte Bild zeigt eine der ersten Szenen aus anderer Perspektive: Am Anfang hatte einer der Könige sich in einem Restaurant-Séparée über eine Bummelei der Küche beschwert. Die Kamera verharrte im Raum, als er zur Tür ging und draußen die Kellnerin beschimpfte, die offensichtlich viel um die Ohren hatte. Die Schluss-Einstellung zeigt das Séparée von außen: Der Gangster erscheint in der Tür und beschwert sich, der zweite trifft gerade ein und bestellt bei der ausgeschimpften Kellnerin, während dem dritten an der Trennwand schlecht geworden ist.

Nur im Delphi kann man sitzen bleiben, in allen anderen wird man nach der Vorstellung hinausgekehrt. Also Potsdamer Platz. Die nassen Winde haben Brontë-Stärke erreicht. Ich gehe zu den Birken hinter dem Sony-Center, der schönste Ort am Platze, auch wenn es dort *immer* erbärmlich pfeift. Zurück unter dem Dach fängt auf dem großen Berlinale-Screen das heute-journal an. Claus Kleber spricht über die engagierten George Clooney und Meryl Streep. Ich gehe gleich weiter, konnte den Moderatoren nicht mehr leiden, seit er angefangen hatte sich anzukumpeln, indem er sich vor sein Pult setzte. Dieser Regie-Kniff kam zu spät, die Aufgabe der Nachrichten-Neutralität war schon zu augenscheinlich geworden. („Niemand sonst, nur der Russe rasselt mit den Säbeln.")

Noch vierzig Minuten. Ich spaziere zur (unbewohnten) Deutschen Bank in der Alten Potsdamer und hole Kontoauszüge. Das mache ich an jedem Publikumstag der Berlinale, man kommt ja sonst zu nichts. Und siehe da, eine Vielguckerin tut genau das gleiche. Die hübsche Japanerin, saß gestern in gleich allen „meinen" Vorstellungen.

Dann endlich Bence Fliegauf (Ungarn). In „Liliom Ösvény" erzählt eine alleinerziehende Mutter ihrem

Sohn schaurige Märchen. Mit der Zeit wird klar, dass es sich bei den Märchenfiguren – Jäger, Fee und Honig – um genau sie beide und den getrennt lebenden Vater handelt. Wie ein mal unheimliches, mal zauberhaftes Märchen wirkt auch der ganze Film. Selbst alltäglichste Gegenstände werden mit Geheimnis aufgeladen; z. B. der Computer, an dem die Frau mit ihrem Ex per Chat kommuniziert. Das Spielzeug des Jungen wirkt geradezu gruselig. Selbst eine banale Paddelfahrt sieht aus wie ein wunderbarer Traum.

Fliegauf hat neben Regie, Drehbuch, Produktion auch noch die Musik, Sound Design und das Casting übernommen. Leute gibt's!

Außer Stulle war auch Bettina, die Freundin von Martin O., in der Vorstellung. Sie sagt, sie sei so aufgewühlt und voll mit den Bildern, dass sie jetzt erst einmal gar nichts sagen könnte, jedenfalls nichts Vernünftiges. Wir laufen zum Arsenal durch und fahren mit dem Fahrstuhl hoch. Ich hätte gern noch mit ihr geredet, doch der Zwanzig-Minuten-Takt der Busse lässt mich durch den Schauer auf einen eintreffenden Doppelstöcker zusprinten.

Jetzt ist es wohl vorbei. Was kommt morgen? Das unwahre Leben, scheint mir.

Saal 2. Ein Berlinale-Drama (2009)

Innen, Abend. Ein überfülltes Kino-Foyer
HELDIN: Liebling! Hier bin ich! Hier!
HELD: Ach! Ich komme. (*drängelnd*) Moment mal bitte. Entschuldigung!
HELDIN: Kommst du?
HELD: Sachte, sachte. (*zu anderem Besucher*) Oh, tut mir leid.
HELDIN: Da bist du ja. Na?
HELD: Hallo Schatz! Mein Gott, das ist ja furchtbar hier. So spät ist es doch noch gar nicht.
HELDIN: Ob wir überhaupt eine Chance haben?
HELD: Na, ich weiß nicht. Dabei sind wir echt pünktlich, oder?
EINLASSERIN 1: (*rufend*) Noch jemand mit Kaufkarten Saal 1?
HELD: Ach, guck mal, da beginnt zeitgleich was in Saal 1.
HELDIN: Ach so? Wieso denn?
HELD: Na guck, die haben eben nach den Normalen Saal 1 gerufen.
HELDIN: Normale?
EINLASSERIN 1: (*rufend*) Noch Kaufkarten Saal 1? Anybody with tickets Saal 1?
HELD: Kaufkarten, normale Kaufkarten.
HELDIN: Ach so. Und wie geht das jetzt mit dem Saal 2 weiter?
HELD: Ich gehe mal fragen ... Entschuldigung?
EINLASSERIN 2: (*barsch*) Hier jetzt nur Kaufkarten Saal 1.
ANSTEHENDER 1: (*erbost vom Rand*) Was soll denn das heißen? Wir wollen rein!
EINLASSERIN 2: Wir müssen erst alle einlassen, die eine Karte gekauft haben, dann können wir erst Akkreditierte reinlassen.

ANSTEHENDER 1: (*erregt*) Was'n das für'n Scheiß?! Ehrlich, Leute, das hab ich hier noch nicht erlebt.
EINLASSERIN 2: Sorry. (*zu anderem Besucher*) Kaufkarte? Ja, bitte schön.
HELD: Entschuldigung, eine Frage.
EINLASSERIN 2: Thank you. (*zum Helden*) Was denn?
HELD: Ich möchte in den Saal 2.
EINLASSERIN 2: Das ist noch nicht soweit. Könnten Sie zur Seite gehen wegen der Kaufkarten Saal 1?
HELD: Wo soll ich denn warten, wenn ich mit Akkreditierung in den Saal 2 möchte?
EINLASSERIN 1: (*laut, aber untergehend*) Noch jemand Kaufkarten Saal 1? Anybody with tickets left?
EINLASSERIN 2: Gehen Sie hier an den Rand! Wobei Sie dann nachher auf der falschen Seite sind, weil die Akkreditierten ja dann auf der anderen Seite stehen. Also, wo jetzt die Akkreditierten für Saal 1 stehen.
HELD: Was ist denn jetzt besser?
EINLASSERIN 2: Thank you, yes, yes, Saal 1 please. (*zum Helden*) Ähm, das wird sich hier bald lichten, dann wissen wir mehr.
ANSTEHENDER 2: (*ungeduldig*) Wann geht das hier endlich los mit den Akkreditierten? Wir stehen schon seit Acht.
EINLASSERIN 1: Leute, es tut mir leid. Wir müssen jetzt erstmal durchzählen, wie viele Plätze im Saal 1 da sind. Wenn es dann noch welche gibt, kommt Ihr sofort rein.
ANSTEHENDER 2: (*zornig*) Was'n das für eine Organisation? Unglaublich. Unglaublich schlecht ist das!
EINLASSERIN 1: Leute, bitte, bleibt doch ruhig.
HELD: Schatz?
HELDIN: Ja?
HELD: Ich hab gefragt.
HELDIN: Ich habe doch auch schon gefragt.
HELD: Ach so? Also zu mir haben sie gesagt, also pass auf, die ganze Schlange hier drüben sind die Akkreditierten Saal 1. Die gehen gleich rein oder werden

weggeschickt, dann löst sich die Schlange auf, und wir stehen vorn. Oder was haben sie zu dir gesagt?
EINLASSERIN 1: (*angestrengt rufend*) Last call, anybody with tickets? Kaufkarten jemand?
HELDIN: Die Frau, die blonde, die da immer ruft, hat gesagt, ich soll nach vorn kommen, wenn ich nicht reinkomme.
HELD: Na, das klappt schon.
Einlasserin 2: (*laut*) Attention. Es tut mir leid, der Saal 1 ist voll. Es kommt definitiv keiner mehr rein.
Anstehender 2: (*entrüstet*) Hey, das kann doch nicht sein.
Anstehender 3: Hier steht's doch aber — Akkreditierte kommen rein.
Einlasserin 2: Bitte, Leute. Es tut uns leid, es ist knackevoll.
Anstehender 3: Hier, sehen Sie! Hier steht's!
Einlasserin 2: Ja, ich weiß, was auf den orangen Zetteln steht, das nützt aber nichts, wenn der Andrang so groß ist. Es tut mir leid.
HELDIN: Sag mal, fängt es im Saal 2 später an?
HELD: Na muss ja. Bei dem Chaos kein Wunder.
ANSTEHENDER 4: (*laut knurrend*) Lasst uns jetzt rein, verdammt. Los!
EINLASSERIN 2: Seid doch nicht so aggressiv, Leute. Es führt doch kein Weg mehr rein. Sorry!
ANSTEHENDER 4: (*haltlos*) Ich werde mich beschweren. So ein Scheiß!
EINLASSERIN 2: Hört doch auf! Kommt nächstes Mal früher!
ANSTEHENDER 4: (*überschäumend*) Was? Das ist ja 'n Skandal, viertel vor acht waren wir hier. Kein Schwein konnte uns sagen, wo wir uns anstellen sollen. Man hat ja überhaupt nichts gesehen.
HELD: (*freundlich*) Saal 2?
EINLASSERIN 1: Kleinen Moment, bitte.
ANSTEHENDER 4: Das ist einfach ein Skandal hier.

EINLASSERIN 2: Seid doch leise! Bitte!
ANSTEHENDER 4: (*hämisch*) O.k., ich gehe jetzt und werde mich NIE WIEDER in diesem Kino anstellen. Danke, vielen Dank! Das ist 'n echter Scheißladen hier!
EINLASSERIN 2: Wir können doch nicht. Kein Grund so auszurasten.
EINLASSERIN 1: (*rufend*) Kaufkarten Saal 2.
HELDIN: Geht es los?
HELD: Nein, wir müssen erst die mit den gekauften Karten vorlassen, dann geht's los.
HELDIN: Och, ist das anstrengend!
HELD: Na, viele werden's ja nicht sein bei dem Film.
HELDIN: Aber guck mal, so wenige sind das gar nicht.
HELD: Hm.
EINLASSERIN 1: Kaufkarten Saal 2. People with tickets Saal 2 please. Yes, thank you.
HELD: Entschuldigung?
EINLASSERIN 1: Was denn?
HELD: Wir kommen aber gleich rein, ja?
EINLASSERIN 1: Erst die Kaufkarten, dann sehen wir, ob Platz ist.
HELD: Wie groß ist denn das Kontingent für die Akkreditierten eigentlich?
EINLASSERIN 1: Saal 2 sind's nur zehn Plätze.
HELD: Was? Zehn nur?
EINLASSERIN 1: Ja. (*wieder laut*) Anybody with tickets? Please come here now. Kaufkarten bitte vor.
HELDIN: Guck mal hier, Schatz, auf dem rosa Zettel steht, dass wir reinkommen.
HELD: Ja, die Zettel sind ja nutzlos, wenn nur zehn Akkreditierte reinkommen.
EINLASSERIN 3: (*schroff*) Auf dem roten Zettel steht überhaupt nicht, dass Sie reinkommen, da steht, dass Sie sich eine Karte besorgen müssen.
HELD: (*angriffslustig*) Ha, ha, Unsinn! Gucken Sie mal, hier, sehen Sie! Zugang mit Akkreditierung. Da!

EINLASSERIN 3: (*beleidigt*) Na toll. Trotzdem kommen nicht alle rein, das Kino 2 ist nämlich sehr klein, so!
HELD: (*überheblich*) Ich kenn das Kino schon ein paar Jahre länger, aber vielen Dank.
EINLASSERIN 1: Kaufkarten bitte, Saal 2. Tickets come here!
REGISSEURIN: (*von hinter der Eingangstür*) Oh my god, so many people.
EINLASSERIN 2: Yes, it's terrible today.
REGISSEURIN: Can you get them all in?
EINLASSERIN 2: Sorry, Sharon. But it doesn't look like it.
REGISSEURIN: Jesus!
HELD: Was ist denn mit den Treppen? Da können doch noch ein paar sitzen.
EINLASSERIN 1: Nein, das geht nicht mehr. Es hat massive Beschwerden gegeben, deshalb geht das nicht mehr.
HELD: Wer hat sich denn beschwert?
EINLASSERIN1: Das Publikum.
HELD: Wir sind das Publikum!
EINLASSERIN 4: (*leise, resigniert von hinter der Eingangstür*) Es ist voll. Kannst du das mal durchrufen?
EINLASSERIN 1: Alles voll?
EINLASSERIN 4: Nichts geht mehr.
EINLASSERIN 1: (*laut*) Saal 2 ist voll. Tut mir leid. Wir können niemanden mehr reinlassen. Niemanden!
HELDIN: Was ist jetzt, Schatz?
HELD: Ist voll.
HELDIN: Haben wir jetzt umsonst gestanden?
HELD: (*angriffslustig*) Na, das wollen wir erst mal sehen.
EINLASSERIN 1: Saal 2 ist völlig voll. Bitte geht, es hat keinen Sinn, weiter zu warten. Wir müssen auch mit der Vorstellung anfangen.
HELD: Entschuldigung?
EINLASSERIN 1: Es tut mir leid.
HELD: Etwas anderes. Aus dem Film gehen doch Leute

raus. Und zwar ziemlich viele und ziemlich schnell, das ist doch klar bei so einem Film. Ist doch wie bei James Benning. Da könnten wir doch nachrutschen, also die leeren Plätze dann übernehmen.
EINLASSERIN 1: Nein, das geht nicht.
HELD: (*schnell*) Wieso nicht?
EINLASSERIN 1: Na ja, wir wissen doch gar nicht, wo die in dem dunklen Saal gesessen haben.
HELD: Dann fragen wir sie, hm?
EINLASSERIN 1: Also, das kann jetzt keine Lösung für die ganze Schlange sein, so ein Hin und Her.
HELD: Na ja, machen wir nur als Ausnahme, ja?
...
EINLASSERIN 1: Saal 2 ist voll. Bitte geht alle. Es hat keinen Sinn, wir können keinen mehr reinlassen.
EINLASSERIN 2: (*von hinter der Eingangstür*) Oh, Sharon.
REGISSEURIN: My god, it's so full. (*zu einer Neugekommenen*) And you? Are you an artist?
NEUGEKOMMENE 1: (*deutscher Akzent*) No, I just have the ... accreditation.
REGISSEURIN: Oh. Can you get her in?
EINLASSERIN 2: Who?
REGISSEURIN: Her. She's been standing here quite a time.
EINLASSERIN 2: Ahm, well. Ja, dann geh mal rein.
ANSTEHENDER 5: (*erbost*) Aha!
ANSTEHENDER 6: Ähm, mal 'ne Frage. Ja, ihr hier vorne.
HELD: Ja?
ANSTEHENDER 6: Wir kommen doch jetzt nicht mehr rein. Selbst wenn wir uns an der Kasse Kaufkarten kaufen, kommen wir nicht mehr rein, oder?
HELD: Ja.
ANSTEHENDER 6: Na, dann ist es doch zwecklos, hier noch zu stehen.
HELD: Wir streiken.
ANSTEHENDER 6: Was macht ihr?

HELD: Wir streiken!
ANSTEHENDER 6: Ach, verstehe. Ist ja auch richtig. Gute Idee, ciao.
HELD: Tschüss.
NEUGEKOMMENE 2: (*starker russischer Akzent*) Khallo!
EINLASSERIN 1: Ja? Nein, ihr seid zu spät.
NEUGEKOMMENE 2: (*sich in unangenehmen Höhen echauffierend*) Waas? Wir khaben Karten gekauft.
EINLASSERIN 1: Ihr wart nicht pünktlich.
NEUGEKOMMENE 2: Wir waren um khalb acht khier. Niemand khat uns gesagt, wo wir uns anstellen. Wir khaben so lange khinten gestanden, wir waren pünktlich.
EINLASSERIN 3: Was sind die?
EINLASSERIN 1: Kaufkarten Saal 2.
EINLASSERIN 3: Puh, es ist voll.
NEUGEKOMMENE 2: Waas? Das ist unmöglich! Das KANN man nicht machen!
EINLASSERIN 3: Schick sie rein.
EINLASSERIN 1: O.k., geht rein. Da lang.
NEUGEKOMMENE 2: (*immer noch beleidigt*) Ja.
EINLASSERIN 3: Und ihr, könnt ihr bitte gehen? Ich habe keine Lust, die ganze Zeit herumzudiskutieren.
HELD: (*fest*) Wir auch nicht. Außerdem diskutieren wir gar nicht.
EINLASSERIN 3: Na, dann geht doch endlich.
HELD: (*schneidend*) Sie brauchen sich gar nicht zu erregen, es ist alles geregelt. Ich hab das hier verabredet, dass ich reinkomme und gut.
EINLASSERIN 3: (*schnippisch*) Ach? Mit wem denn?
HELD: Ist doch egal. Wir wollen doch nicht diskutieren, oder?
EINLASSERIN 3: Wenn Sie nicht aufhören zu nerven, mache ich die Tür einfach zu.
HELD: Es ist ja nicht böse gemeint. Setzen Sie sich einfach und machen Ihrs.
NEUGEKOMMENER 3: (*gemütlich*) Hallo.

EINLASSERIN 1: Was habt ihr? Saal 1, nee Leute, das ist viel zu spät, das hat doch schon lange angefangen.
NEUGEKOMMENER 3: Aber wir haben doch Karten gekauft.
EINLASSERIN 1: Ja, aber jetzt geht's nicht mehr. Es ist schon lange voll, auch mit Kaufkarten muss man rechtzeitig kommen. Tut mir leid.
NEUGEKOMMENER 3: Echt?
EINLASSERIN 1: Kein Einlass mehr.
Neugekommener 3 mit Begleitung ab.
HELDIN: Guck mal, da kommen schon zwei raus.
HELD: Na prima. (*zur Einlasserin*) Hallo, da kommen die ersten raus.
HELDIN: Hm. Entschuldigung, wo habt ihr gesessen?
HERAUSKOMMENDE: Was? Gleich am Gang, die sind aber jetzt schon besetzt. Da sind ja so viele.
HELDIN: Danke.
HERAUSKOMMENDE: Tschüss.
EINLASSERIN 1: Ja, dann geht's nicht. Der Gang ist ja schon voll.
HELDIN: Also, Sie haben mir vor einer Stunde gesagt, dass ich mich bei Ihnen melden soll, wenn ich nicht reinkomme. Jetzt stehe ich die ganze Zeit hier, und Sie wollen mich nach Hause schicken.
EINLASSERIN 1: Hach. Sie waren das? Ich konnte mir das Gesicht nicht merken, waren ja so viele Leute in dem Chaos.
HELDIN: Ja!
EINLASSERIN 1: Ja, dann kommen Sie! Ich hab's gesagt, also kommen Sie auch rein.
HELDIN: Danke. Tschüss, Liebling.
HELD: Bis dann.
ANSTEHENDE 7: Ahm, du?
HELD: Ja?
ANSTEHENDE 7: Warum stehst du denn hier noch alleine, rechnest du dir 'ne Chance aus reinzukommen?

HELD: Ach, meine Freundin haben sie gerade reingelassen, da müssen sie mich eigentlich auch noch lassen.
ANSTEHENDE 7: Hm. Aber mal 'ne Frage: Auf den lila Zetteln steht doch, dass Akkreditierte reinkommen.
HELD: Ja, in der Theorie. Aber hier gibt's nur zehn Plätze für Akkreditierte. Das Kino ist überhaupt viel zu klein.
ANSTEHENDE 7: Ja. Ich stand aber hier die ganze Zeit und hatte den Eindruck, dass gar kein Akkreditierter reingekommen ist.
HELD: Den Eindruck hatte ich auch. Es sind aber ein paar bei den Kartenleuten mit durchgelassen worden. Die hier haben das zwar gesehen, aber die mit durchgehen lassen, so zwei, drei.
ANSTEHENDE 7: Wirklich?
HELD: Na ja, das waren vielleicht Bekannte ... Freunde.
ANSTEHENDE 7: (*verächtlich*) Na toll! Der Film läuft aber jetzt sowieso schon ziemlich lange, nicht?
HELD: Na ja, es geht noch.
ANSTEHENDE 7: Mir ist das jedenfalls zu blöd. Ich gehe.
HELD: Ciao.
...
EINLASSERIN 1: Kommst du?
HELD: Hä?
EINLASSERIN 1: Kannst rein, er ist gerade raus. Also komm. Du kennst den Raum ja, nicht?
HELD: (*wie benommen*) Ja, danke. Danke!
EINLASSERIN 1: Schon gut.
HELD: (*überschwänglich*) DANKE!

Nachbemerkung

Der vorliegende Text ist kaum dramatisiert, sondern im Anschluss an die Vorstellung nahezu 1:1 niedergeschrieben worden. Die Vorführung fand am 9. Februar 2009 um 20:30 Uhr im Kino Arsenal statt. Gezeigt wurde der Beitrag „Lunch Break" von Sharon Lockhart aus Kanada. Das Berlinale-Protokoll von 2009 beschreibt den Film wie folgt:

„In einer einzigen Kamerafahrt wird der Gang einer Werft in Maine gezeigt, an dem Arbeiter ihre Mittagspause verbringen. Die Arbeiter essen, lesen, schlafen oder unterhalten sich. Hauptsächlich sind im Bild Spinde, Wände, Maschinen und der Gang selbst erfasst. Die ursprüngliche Länge der Aufnahme (eine Filmrolle von elf Minuten) wurde durch digitale Bearbeitungsverfahren gedehnt, wodurch eine sehr langsame Zeitlupe entstanden ist. Die Tonspur wurde indes hergestellt, indem nachträglich die Umgebungsakustik des Gangs über die durch die Dehnung entstandene Dauer des Films von 83 Minuten aufgezeichnet wurde."

Früher in Russland war alles besser. Das Berlinale-Protokoll 2012

Freitag, 10. Februar

1 Currywurst mit Schrippe

18:30 Uhr Zeughauskino, Russisch, 90'
(1935) Ein Ingenieur erfindet Roboter, die durch Saxofontöne gesteuert werden. Die alles könnenden Maschinenwesen werden von Militärs manipuliert und gegen rebellierende Arbeiter eingesetzt, sie zertrampeln ihren Erfinder. Revolutionären gelingt es jedoch, die Befehlsgewalt über die Kampfmaschinen zu erlangen, welche die Militärs und Fabrikbesitzer davonjagen.

1 Tasse Kaffee

21:00 Uhr Zeughauskino, Russisch, 64'
(1936) Ein Lauftrainer aus der Stadt und eine Provinz-Sprinterin, welche gleichzeitig eine begabte Kinderspielzeug-Entwicklerin ist, verlieben sich ineinander. Er verlässt sie, als sie schwanger wird. Jahre später erkennt er seinen Fehler, wird jedoch von ihr – glücklich mit seinem Vorgänger und Spartakiade-Gold – abgewiesen.

2 Schalen Oden mit Reis, 0,4 l Pfefferminz-Tee
(Oden ist ein ziemlich variables japanisches Eintopfgericht. In dieser Version enthält es außer einem Algenblatt, Rettich-Stücken und zerkleinertem Rindfleischgulasch möglichst viele Sorten verschieden oder gar nicht verarbeiteten Tofus. Wahlweise werden auch Fischbällchen oder gekochte Eier hinzugegeben.)

Sonnabend, 11. Februar

2 Schalen Oden mit Reis, 1 Liter Twinings Earl Grey

14:00 Uhr Cinemaxx 8, Russisch, 65'
(1931) Gierige Kulaken bezahlen ihre Getreidesteuern nicht korrekt. Eine alleinstehende Mutter nimmt mit den progressiven Kräften im Dorf trotz verschiedener Mordkomplotte den Kampf gegen Ungerechtigkeit und Korruption auf.

1 Stulle mit Rambol-Käse

16:00 Uhr Cinemaxx 8, Russisch, 96'
(1933) In einem russischen Dorf entstehen während des Ersten Weltkriegs Spannungen zwischen Russen und ansässigen oder kriegsgefangenen Deutschen. Am Ende vereinen sie sich alle im Kampf gegen den Krieg.

1 Portion Fisch Gum Bao mit Reis und Gemüse, 0,3 Liter Cola

19:00 Uhr, Cinestar 8, Deutsch, 102'
Eine Restauratorin verliebt sich bei ihrer Arbeit in einen illegal eingereisten Moldawier. Ihr Ex-Mann, ein Fremdenpolizist, der sie mit Säure entstellt hat, stellt ihr weiterhin nach und masturbiert in ihrer Wohnung während ihrer Abwesenheit auf ihre Bettdecke. Parallel und in überraschenden Verknüpfungen wird der Untergang eines Spielsüchtigen dargestellt. Die letzte Szene, die die allererste wiederholt, stellt die angenommene Zeitkonstellation gänzlich auf den Kopf.

0,2 Liter Wasser

22:00 Uhr, Cinestar 8, Tagalog/Englisch, 87'
Drei Freunde haben den perfekten Elends-Thriller, einen Festival-Renner, ersonnen. Der lächerliche Plot wird in allen möglichen Genre-Spielarten, als Musical, Investigativ-Doku, Soap-Opera usw. visualisiert. – Im Publikum wird sehr viel gelacht, einige Zuschauer schütteln sich mitunter dabei.

1 Schale Oden mit Reis, 0,5 Liter Pfefferminz-Tee

Sonntag, 12. Februar

1 Schale Oden mit Reis, 1 Liter Twinings Earl Grey

14:00 Cinemaxx 8, Russisch, 65'
(1933) Dokumentiert werden die erste Eisbrecher-Passage durch das Arktische Meer zum Pazifik und die damit verbundenen immensen Anstrengungen der Besatzung.
Im Publikum werden Mitleid und Entrüstung laut, als die Matrosen eine Eisbärmutter erschießen und ihr Junges gefangennehmen.

1 Stulle mit Rambol-Käse

16:00 Cinemaxx 8, Russisch, 77'
Sechs Animationsfilme aus den Jahren 1927 bis 1936. Herausragend ein Puppentrickfilm, in dem zwei chinesische Kulikinder aus der Knechtschaft fliehen und über Afrika und New York in die SU gelangen, wo sie als Pioniere aufgenommen werden. Während ihre Aufenthaltsorte aus naiven, kleinen Puppenkulissen bestehen, werden ihre Überfahrten auf echtem Wasser

(und sichtbaren Fäden an ihrem winzigen Nachen) gezeigt.

1 Portion Zitronengras-Huhn mit Reis, 0,3 Liter Cola

19:00 Cinemaxx 8, Russische Zwischentitel, 86'
(1928) Mädchen vom Lande wird in Moskau als Hausmagd geknechtet. Die Gewerkschaft kämpft für sie und bringt ihren Ausbeuter vor Gericht und ins Gefängnis. – Die wendungsreiche, frische Komödie ruft ständige Lacher im Publikum hervor. Dreimal Szenenapplaus gibt es in einer Sequenz, in der sie unverständig und handgreiflich in ein Theaterstück über die Französische Revolution eingreift, ahnungslos zur „Freiheit" auf dem Delacroixschen Gemälde und vom ebenfalls unwissenden Publikum als große Mimin gefeiert wird.

21:30 Delphi, Niederländisch, 80'
Junge neurotische Frau sucht Halt in zahllosen Kurzliebschaften aller Couleur. Mit dem Vater, der sie allein aufgezogen hat, verbindet sie eine ungewöhnlich innige Beziehung, die auch Gespräche über Sex und Defäkation einschließt. Doch das wird sich mit dem Einzug seiner Freundin in das gemeinsame Haus ihrer Kindheit gründlich ändern.
Abgelauschter Besucherkommentar: „Arthouse, das das Arthouse nicht sehen will."

1 Stulle mit Pur Porc-Salami (Wittmann), Musashi-Kekse, 0,6 Liter Pfefferminz-Tee

Montag, 13. Februar

1 Schale Oden mit Reis, 1,4 Liter Twinings Earl Grey

15:00 Uhr, Haus der Berliner Festspiele, Englisch, 188'
Porträtiert werden fünf Insassen von Todeszellen. Trotz strikter Objektivität entsteht ein kritischer Kommentar zu Fragen der Rechtsprechung in amerikanischen Bundesstaaten (u. a. Texas).

1 Becher Kaffee

19:30 Uhr Cinemaxx 4, Japanisch, 120'
Anhand gefilmter Gespräche des Regisseurs mit seinen Freunden entsteht eine kritische, wenngleich ziemlich ratlose Reflektion über die Informationspolitik in Japan nach der Erdebeben-/Tsunami-Katastrophe von 2011.

1 Stulle mit Morbier-Käse, 3 Handvoll Studentenfutter, Wasser

22:00 Uhr Cinestar 8, Tschechisch, 65'
Zwei Zwölfjährige feiern mit nicht verwandten Erwachsenen Silvester und erleben deren Welt als desillusionierend und beklemmend.

1 Scheibe Kassler mit Reis, 1 Stulle mit Morbier-Käse, 0,4 Liter Pfefferminz-Tee

Dienstag, 14. Februar

2 Schalen Oden mit Reis, 1 Liter Twinings Earl Grey, 0,75 Liter Aufguss davon mit Twinings Darjeeling

14:45 Friedrichstadtpalast, Mandarin, 141'
In den Wirren nach der Schlacht um Nanjing flüchten ein amerikanischer Gauner und ein bunter Haufen Prostituierter in eine Kirche, in der sich eine Gruppe Schülerinnen versteckt hält. Der Amerikaner, der sich

nur als Pfarrer ausgegeben hatte, um die Kirche auszurauben, übernimmt Verantwortung (rettet u. a. die Schülerinnen vor Vergewaltigungen) und beginnt, einen Truck für die Flucht aller aus der von Japanern okkupierten Stadt zu reparieren.
Als die Schülerinnen unter dem Deckmantel eines Chorkonzerts einer Massenvergewaltigung durch japanische Befehlshaber zugeführt werden sollen, erklären sich die Prostituierten allesamt bereit, statt der Mädchen zu gehen und ihr Leben für sie zu opfern. Mit dem Truck bringt der Amerikaner die Schülerinnen und sich in Sicherheit.

1 Sushi-Menü Take, 0,2 Liter japanischer Grün-Tee

19:00 Uhr Cinestar 8, Koreanisch, 110'
Zwei in Hehlereien verstrickte Frauen sind hoch verschuldet. Eine von ihnen zeigt die andere wegen ihrer Verbindlichkeiten bei sich an, worauf jene eingesperrt wird. Andere Schulden der Inhaftierten wurden an einen kriminellen Eintreiber verkauft, der nun ihren Sohn belästigt. Als sie freigelassen wird, muss sie wegen anderer Gläubiger gleich wieder untertauchen. Das Ende des Films verdeutlicht, dass sich auch in Zukunft alle drei nicht aus der Schuldenspirale befreien können.

21:45 Uhr Cinemaxx 4, Japanisch/Koreanisch, 100'
Ein in Japan geborener Koreaner wurde in seiner Jugend nach Nordkorea geschickt. 25 Jahre später darf er für drei Monate zurückkehren, um einen bedrohlichen Gehirntumor behandeln lassen zu können. Seine Unterernährung und Nüchternheit wirft in der Familie die Frage auf, ob es richtig war, ihn damals in das „Paradies auf Erden" zu entsenden. Nur fünf Tage nach seiner Ankunft werden alle im Ausland befindlichen

Nordkoreaner nachhause befohlen, er muss gehorchen, da er daheim Frau und Kind hat.

1 Schale Oden, 1 Stulle mit Rambol-Käse, 0,6 Liter Pfefferminz-Tee

Mittwoch, 15. Februar

1 Portion Oden Ceyro (feste Überbleibsel auf Reis), 1 Liter Twinings Earl Grey

15 Uhr Friedrichstadtpalast, Tagalog/Englisch, 120'
Eine Gruppe von Touristen wird in einem Inselparadies von der Abu Sayyaf entführt. Durch Lösegeldzahlungen und Angriffe von Regierungstruppen wird sie immer kleiner, bis nach über sieben Monaten die letzte Geisel befreit wird.
Der Film kündigt unmittelbar folgende Ereignisse mit symbolischen Tieraufnahmen an (z. B. stehen Fliegende Hunde für herannahende Soldaten, ein prachtvoller Vogel für die Freiheit.)

1 Ende Pur Porc-Salami (Wittmann), 0,25 Liter Cola-Wasser-Gemisch

18:00 Uhr Cubix 8, Englisch, 93'
Visualisierung eines (Alp)traums mit entsprechendem Sounddesign und surrealen, häufig erotisch aufgeladenen Bildern.
Abgelauschter Besucherkommentar: „So stellt sich der Volksmund einen Kunstfilm vor."

1 Portion Pepper-Beef mit Reis und Gemüse, 0,25 Liter Cola-Wasser-Gemisch

21:30 Uhr Arsenal, Khmer, 110'
(1967) Eine Himmelstochter muss für sieben Jahre einem armen Bauern dienen. Sie werden ein glückliches Paar. Als sie in die oberste Welt zurückkehren soll, entschließt sie sich, eine gewöhnliche Sterbliche zu werden. Doch ihr Vater, der Himmelsfürst, verwehrt ihr den Wunsch. Im Kampf mit dessen Todesgöttern kommt der Bauer um, seine Liebste folgt ihm in den Tod und springt ins Wasser.

0,5 Liter Staropramen-Bier, diverse Backwaren (Walkers Chocolate Chunk & Hazelnut Biscuits, Musashi-Kekse),

Donnerstag, 16. Februar

7 Nürnberger Rostbratwürstchen (Rütters' Echte) mit Bautzner Senf (mittelscharf), 1 Stulle mit Blue Master-Käse, 1,25 Liter Twinings Earl Grey mit einer Prise Rauff-Assam TGFOP

14:15 Uhr Friedrichstadtpalast, Mandarin, 188'
Die Frau eines Gutsbesitzers geht eine Affäre mit einem Bauern ein. Sie werden entdeckt, gefoltert und verbannt. Jahre später wird der Mann Anführer der kommunistischen Bauernverbände der Gegend, übernimmt die Macht im Heimatdorf und lässt den Gutsbesitzer und andere Würdenträger köpfen. Als die Kuomintang (wieder) das Regime übernimmt, muss er fliehen.
Die Frau geht nach anderen Affären eine Beziehung zu seinem Patenbruder ein, welcher jedoch bald vom Vater des Flüchtigen getötet wird. Dieser kehrt zurück, als wieder die Kommunisten das Dorf übernehmen, erfährt, wer der Mörder seiner Frau ist, verzichtet jedoch auf Rache.

Die letzte, kurze Sequenz des Films zeigt japanische Bomber über dem Dorf zu Beginn des Überfalls auf China und drückt aus, dass die chinesische Landbevölkerung unter welchem Herrscher auch immer ein hartes, gnadenloses Leben zu gewärtigen hat. Da dieser letzte wie alle anderen, langen Abschnitte mit einer eingeblendeten Jahreszahl beginnt, entsteht eine allgemeine, ungeduldige Unruhe im Saal. Abgelauschter Besucherkommentar: „Dit jeht bis 1990."

1 Portion Tofu nach Art des Hauses mit dreierlei Fleisch, Reis, 1 Kanne Jasmin-Tee

19:30 Uhr Delphi, Deutsch/Rumänisch/Romani, 106'
Rekonstruktion eines unter den Tisch gekehrten Justizskandals. Dokumentiert wird das achtlose Fehlverhalten aller zuständigen Stellen, nachdem 1990 an der deutsch-polnischen Grenze zwei Rumänen von Hobbyjägern erschossen worden waren, welche bis auf den heutigen Tag in Freiheit leben.

1 Becher Kaffee

22:15 Uhr Delphi, Englisch, 87'
(1970) Zur Entstehungszeit subversive Collage aus fiktiven Werbespots, TV-Shows und Interviews. – Die Lacher im Saal verstummen ohne Wiederkehr, als die Reden eines auf der Toilette Sitzenden immer wieder durch seine Flatulenzen unterbrochen werden.

1 Stulle mit Chorizo Castellano, 0,4 Liter Pfefferminz-Tee

Freitag, 17. Februar

1/2 Pizza Frutti di Mare (Costa), 1 Liter Twinings Earl Grey mit zwei Prisen Rauff-Assam TGFOP

12:30 Uhr Arsenal, Deutsch, 81'
Zu kontemplativen Bildern werden im Off Passagen aus Günther Anders' Roman „Die molussische Katakombe" gelesen. Bild- und Tonmaterial sind voller effektvoll eingesetzter Störungen. In unruhigeren Abschnitten dreht sich die Kamera schwindelerregend schnell um sich selbst, wird dann langsamer, um schließlich an irgendeiner (schrägen) Position der Kreisbewegung zu verharren. Der Vor- bzw. Abspann zieht sich kapitelbildend durch den ganzen Film.
In der anschließenden Situation, in der sich bei den Filmfestspielen nicht berücksichtigte Regisseure als solche zu erkennen geben, berichtet der Filmemacher, dass ihm das nicht mehr hergestellte Filmmaterial von einem Fremden geschenkt worden wäre, der – bei einer früheren Berlinale – im Foyer des Arsenals von seinen Materialschwierigkeiten gehört hatte. Ferner erzählt er, dass für den Film zwei Kamera-Apparate gebaut worden wären; eine spezielle Schaukel und eine Vorrichtung, bei der nur der Wind die Kamerabewegung bestimmt.

1 Keks Walkers Chocolate Chunk & Hazelnut Biscuits, Wasser

15:00 Uhr Arsenal, ohne Dialog, 100'
Porträt des Bauingenieurs Pier Luigi Nervi anhand seiner Bauten, kontrastiert durch historische italienische Bauwerke (Tempel der Minerva, Kolosseum etc.)
In der anschließenden Diskussion sagt der Regisseur u. a.: „Die Moderne der Architektur hat ja nicht damit begonnen, dass Walter Gropius irgendwann mal nach

Tunesien gefahren ist und gesehen hat, oh, man kann ja auch Häuser mit Flachdach bauen."

1 Salzbrezel, Wasser

17:30 Uhr Arsenal, Englisch, 93'
Porträt des schottischen Psychoanalytikers RD Laing als experimentelle Collage aus ästhetischen Bildmomenten und Fernsehaufnahmen.

1 Oranien-Burger, 0,5 Liter Goom Darjeeling

21:30 Uhr Delphi, Japanisch, 120'
(1954) Die Frau eines Geschäftsmannes möchte sich umbringen, da ihr Geliebter sich mit einer anderen verlobt. Eine attraktive männliche Zufallsbekanntschaft redet ihr das aus. Sie verlieben sich ineinander. Allerdings hat er eine Partnerin, die ihn keinesfalls aufgeben möchte. Beruflich ist er dabei, eine Fluggesellschaft zu gründen, die ausgerechnet von dem Geschäftsmann finanziert wird.
Obwohl ihre Nebenbuhlerin aufgibt und der Geschäftsmann sie freigeben würde, kommt die Beziehung nicht zustande, da der unermüdliche Geliebte – statt Präsident der Airline zu bleiben – ein neues Geschäft im Ausland aufbaut. So bleibt ein Ausbruch aus ihrem freudlosen Ehedasein ein Traum.

1/4 Packung Sea Salt & Balsamic Vinegar-Chips (Kettle), 2 Kekse, 0,4 Liter Pfefferminz-Tee mit Ingwer-Pulver

Sonnabend, 18. Februar

1 Stulle mit Chorizo Castellano, 1/2 Pizza Frutti die Mare (Costa), 1,4 Liter Twinings Earl Grey

42' Fußmarsch zum ersten Kino (BVG-Streik)

14:30 Uhr Haus der Berliner Festspiele, Ungarisch, 75'
Elf Kurzfilme, die die aktuelle politische Situation in Ungarn, gleichzeitig aber auch die Sprachlosigkeit der Filmschaffenden angesichts von Förderungsstopp und Zensurbedrohung widerspiegeln.

12' Fußmarsch zum zweiten Kino

16:30 Uhr Delphi, Deutsch, 89'
Porträt des Filmregisseurs und -autors Oliver Storz anhand zweier gefilmter Gespräche mit ihm, nachgestellten Szenen und zahlreicher Fernsehausschnitte. Bemerkenswert ist eine Episode über die Entstehung eines Fernsehfilms nach wahren Begebenheiten. Anhand der Aussagen des einzigen zur Auskunft bereiten Zeugen rekonstruierte Storz den Fall eines Güterzuges, dessen Abtransport die Bewohner eines schwäbischen Dorfes forderten, weil sie das Geschrei der sterbenden Juden in den Waggons störte.

1 Onigiri, 1 Stulle mit Blue Master-Käse, 1 Becher Kaffee

19:00 Uhr Cinemaxx 8, Russische Zwischentitel, 77'
(1927) Als nicht zu ernährendes Landkind nach St. Petersdorf gekommen, sucht ein junger Mann Arbeit. Er wird Streikbrecher, verpfeift Anstifter. Als auch ein Verwandter von ihm inhaftiert wird, erkennt er sein Fehlverhalten und verprügelt mehrere Angestellte der Fabrikdirektion. Er wird eingesperrt, dann an die (Erster) Weltkriegs-Front geschickt. Gemeinsam mit anderen Soldaten, die gegen ihre Obersten rebelliert haben, beteiligt er sich am Sturm auf das Winterpalais.

1 Portion Mapo Dofu mit Reis, 0,5 Liter Wasser

21:30 Uhr Cinemaxx 8, Russische Zwischentitel, 99'
(1927) Junge Hutmacherin aus der Vorstadt quartiert einen gerade in der Stadt angekommenen Wohnungslosen in ihr Stadtzimmer ein. Die Vermieter, die auch ihre Hüte für ihr Geschäft abkaufen, versuchen, den Mann loszuwerden, doch lässt die Hutmacherin sie beide als verheiratet registrieren.
Um sie um den Lohn zu prellen, geben die Hutladenbesitzer ihr statt Geld eine Lotterie-Anleihe als Bezahlung. Diese gewinnt 25.000 Rubel. Daraufhin beginnt eine wilde Hatz zweier Männer auf das Mädchen: Der Bahnhofs-Vorsteher aus der Vorstadt will die Reichgewordene freien, der Hutladenbesitzer will seine Obligation zurück. Der vormals Wohnungslose wirft sie beide aus dem Haus. Nachdem er sich anfänglich ziert, werden die beiden ein echtes Paar.
Häufige Lacher im Publikum. Beim Hinausgehen singen einzelne Zuschauer das häufigste Thema der Klavieruntermalung.

1/4 Packung Sea Salt & Balsamic Vinegar-Chips (Kettle), 0,5 Liter Pfefferminz-Tee mit Ingwer-Pulver

Sonntag, 19. Februar

1/2 Pizza Scampi von Costa, 1,25 Liter Mischtee (Twinings Earl Grey/Rauff-Assam TGFOP)

12:30 Uhr Haus der Berliner Festspiele, Mandarin mit dt. UT, 127', 3D
Eine vom Kaiser schwangere Konkubine flieht vom Hofe, um nicht (wegen der Schwangerschaft) getötet zu werden. Als sie von einem Geheimdienst aufgegriffen

wird, rettet ihr ein Rebell das Leben. Dieser Rebell ist eine Frau, die sich als ein anderer Rebell ausgibt, der die beiden Frauen in einem abgelegenen Gasthof in der Wüste trifft.

In diesem begegnen sie außerdem einer Bande von Tataren und Agenten zweier konkurrierender Geheimdienste (Ost- und Westamt). Ziel der Agenten ist die Tötung des Rebellen und der Konkubine, Ziel aller anderen Parteien ist es, die Schätze einer versunkenen Xi Xia-Stadt zu finden, die nur alle sechzig Jahre in diesem Gebiet durch einen Schwarzen Sandsturm freigelegt wird. Durch viele als Angehörige der jeweiligen Gegenseite getarnte Kämpfer (und einen Doppelgänger) ist es für Protagonisten und Zuschauer schwer zu durchschauen, wer auf wessen Seite steht.

Als der prophezeite Sturm die Xi Xia-Stadt enthüllt, kommt es in einem Labyrinth voller Schätze zu einem großen Kampf der besten, daher übrig gebliebenen Kämpfer. Den Tod finden schließlich der Oberste Agent des Westamtes und die Konkubine, die sich ebenfalls als Geheimagentin entpuppt. Der Rebell, den sie töten wollten, die Rebellin, die sich für ihn ausgab, die Tatarenführerin, eine weitere Frau und der (auf Seiten der Rebellen oder des Ostamtes stehende) Doppelgänger überleben, ohne ein einziges Stück Gold in Händen.

Die beiden Letzteren gehen an den Kaiserlichen Hof zurück, wo sie die Oberste Konkubine vergiften, die den Befehl gegeben hatte, alle schwangeren Nebenbuhlerinnen zu töten.

Abgelauschter Besucherkommentar: „Did you understand the story?" „The story? No, of course not."

1 Stulle mit Blue Master-Käse, mehrere Bissen Chorizo Castellano, Kalter Mischtee-Aufguss

15:30 Uhr Haus der Berliner Festspiele, Ungarisch, 91'
Die letzten, von Nöten und Diskriminierung gezeichneten Tage einer Roma-Familie, bevor sie von unbekannten Serientätern hingerichtet wird.

1 Kanten Chorizo Castellano, Brot, Kalter Mischtee-Aufguss, 1 Tasse Kaffee

18:00 Uhr Haus der Berliner Festspiele, Italienisch, 76'
Inszeniert werden Proben und Aufführung eines Shakespeare-Stücks mit echten Strafgefangenen in ihrem Hochsicherheits-Gefängnis.

1 Boulette mit Kartoffelsalat, Wasser

20:00 Uhr Haus der Berliner Festspiele, Griechisch/Russisch, 82'
Ein Mönch und eine Nonne aus auf Felsnadeln gegenüberliegenden Klöstern nehmen vorsichtig Kontakt miteinander auf, werden ein Liebespaar und müssen schließlich ihre Klöster verlassen, um miteinander leben zu können. Die behutsame Liebesgeschichte wird punktiert von beeindruckenden Landschaftstotalen, quasi-dokumentarischen Einsprengseln und an Ikonenmalerei angelehnte Zeichentrick-Sequenzen, die den inneren Widerstreit der Protagonisten zwischen Leidenschaft und Religiosität widerspiegeln (z. B. hat die Nonne eine Vision der sich auftuenden Hölle).
Im Publikum gehen ab und zu auf die Leinwand zeigende Arme von Männern hoch, die ihren Frauen erklären, welches Kloster welches sei, das sie im Urlaub gesehen hätten.
Abgelauschter Besucherkommentar zwei Tage zuvor: „Da sieht man fünf Minuten lang, wie eine Nonne es sich selber macht." Besagte, sehr ästhetisch abgefilmte Szene währt nicht einmal halb so lang.

1/2 Packung KitKat, Wasser

22:15 Uhr Haus der Berliner Festspiele, Indonesisch, 90'
Eine junge Frau hat seit der Kindheit ihr ganzes Leben im Zoo verbracht. Jedoch werden alle menschlichen Zoo-Bewohner, die keine Anstellung haben, ihrer Heimat verwiesen. Sie schließt sich einem umherziehenden Zauberer an, der bald buchstäblich verschwindet. Auf sich gestellt, wird sie Angestellte eines Massage-Salons. Punktiert wird die sparsame Handlung durch Schrifttafeln, die zoologische Begriffe (z. B. endemisch, Auswilderung) erklären.

0,15 Liter Bordeaux

Liste der Filme 2012 (in deutscher Übertragung) mit Regisseuren

10. Februar
Untergang einer Sensation, Aleksandr Andrijewski
Zufälliges Treffen, Igor Sawtschenko

11. Februar
Die Schmelze, Boris Barnet
Die Vororte, Boris Barnet
Spanien, Anja Salomonowitz
Die Frau im Abwasser-Tank, Marlon N. Rivera

12. Februar
Zwei Ozeane, Wladimir Schnejderow, Jakow Kuper
u. a. Die Abenteuer der kleinen Chinesen, Margarita Benderskaja
Das Haus in der Trubnaja Straße, Boris Barnet
Himmel, Sacha Polak

13. Februar
Todeszelle, Werner Herzog
Freunde nach dem 11. März, Iwai Shunji
Eine zu junge Nacht, Olmo Omerzu

14. Februar
Blumen des Krieges, Zhang Yimou
Erstickt, Kim Joong-hyun
Unsere Heimat, Yang Yonghi

15. Februar
Gefangene, Brillante Mendoza
Schlüsselloch, Guy Maddin
Peov Chouk Sor, Tea Lim Koun

16. Februar
Die Ebene der weißen Hirsche, Wang Quan'an
Revision, Philip Scheffner
Brand X, Wynn Chamberlain

17. Februar
Anders, Molussien; Nicolas Rey
Parabeton – Pier Luigi Nervi und römischer Beton, Heinz Emigholz
Alle getrennten Ichs, Luke Fowler
Zwischen gestern und heute, Kawashima Yuzo

18. Februar
diverse, Einführung: Bela Tárr
Lawinen der Erinnerung, Dominik Graf
Das Ende von St. Petersburg; Wsewolod Pudowkin, Michail Doller
Das Mädchen mit der Hutschachtel, Boris Barnet

19. Februar
Die fliegenden Schwerter vom Drachentor, Tsui Hark
Nur der Wind, Bence Fliegauf
Cäsar muss sterben, Paolo und Vittorio Taviani
Metéora, Spiros Stathoulopoulos
Postkarten aus dem Zoo, Edwin

„The Guests", Ken Jacobs (2014)

- Na, Henning, was war dein bester Berlinale-Film?
- Das war "The Guests". Aus den USA, ein 3D-Film.
- WAAAS? Ich dachte, du wärst so ein Scene... ähm ... Scene-eist und würdest abgefahrene Filme gucken.
- Der WAR abgefahren, völlig!
- Ja, ja, schon klar.
Sie geht. Er eilt hinterher, kann durch das Reden aber nicht Schritt halten und muss immer mehr rufen.
- Ken Jacobs hat eine kurze Szene aus einem Lumiere-Film verwendet, zehn Sekunden nur. Und die hat er auf siebzig Minuten gedehnt. Hörst du? Und die Bilder hat er dabei zeitlich versetzt, ZEITLICH, nicht räumlich. Also nicht zwei Objektive nebeneinander wie in den 20er Jahren oder so. Bleib doch mal stehen! Und nur dadurch ist der 3D-Effekt entstanden, und eine unglaubliche Tiefe. HEEEYY. Hallo? MANN, du bist ja schon doof geboren, so!
(*für sich*) Pff! Scene-eist!

Im Kino gewesen. Gegessen. Das Berlinale-Protokoll 2008

Freitag, 8. Februar

15 Uhr
Ein Mann erschlägt mit vier Kumpanen den Geliebten seiner Schwester. Die Tatwaffe ist ein übergroßer, klotziger Ziegelstein.

Ein Ballisto (grün)

19 Uhr
Die Geister verstorbener Eishockeystars trainieren. Im Anschluss wird gefragt, ob die mitwirkende Mutter des Regisseurs den Film schon gesehen hätte. Der antwortet, noch nicht; es wäre ein Wettlauf zwischen ihrer Erblindung und der Erstaufführung in der Heimat, aber er sei ganz optimistisch, dass sie nicht mehr schaffen werde, ihn anzuschauen.

Ein Kaffee, Stullen mit Schinken, Käse und Rucola

21:30 Uhr
Auf einer nächtlichen Slumstraße wird ein Gangmitglied erstochen aufgefunden. Die betroffene Jugendbande plant einen Rachefeldzug. Die Überraschungsattacke schlägt größtenteils fehl. Die angegriffene Gang wird dezimiert, gewinnt aufgrund der besseren Bewaffnung jedoch die Oberhand und tötet bis auf einen Flüchtenden alle Gegner und Unbeteiligte.

Ein ca. Neunjähriger nimmt eine der beim Gemetzel zurückgebliebenen Pistolen an sich und erschießt damit den Geliebten seiner Mutter.

Bruschettas mit Thunfisch

9. Februar

Oden mit Reis

19 Uhr
Ein Soldat hat während einer Friedensmission in Afghanistan einen kleinen, einheimischen Jungen erschossen. Zurück in der Heimat erhält er dafür eine Tapferkeitsauszeichnung in Silber. Er versucht, seinen ca. zehnjährigen Halbbruder dazu zu bringen, ihn zu erschießen.

21:30 Uhr
Ein Paar wird auf dem nächtlichen Heimweg angepöbelt und angegriffen. Sie wird erschossen, er muss blutend und hilflos zuschauen.
Er schlägt seinen Arbeitgeber zusammen (Katharsis). Dem Psychologen, der nicht zu helfen imstande ist, schneidet er im Traum mit dem Messer die Fußunterseiten auf. Zwei Freunde unterstützen ihn bei der Rache. Sie ermitteln die Aufenthaltsorte der Kriminellen und besorgen eine Waffe. Bei der Hinrichtung des ersten Mörders wird einer der Freunde tödlich verletzt. Die zweite Hinrichtung misslingt, der Rächer tötet einige Kumpane des zweiten Mörders, wird dann aber überwältigt und ermordet.

Ein Kaffee

23:30 Uhr
Ein Mädchen im Kindergartenalter ist an Leukämie erkrankt.

Oden mit Brot

10. Februar

Oden mit Reis

13 Uhr
Ein Kameramann ist während der langjährigen Dreharbeiten gestorben, ein Kollege hat die Aufgabe zu Ende geführt.

Ein Knoppers, Studentenfutter, ein Kaffee

19 Uhr
Ein ca. zehnjähriger Junge wird von einem größeren Mitschüler bestohlen und körperlich angegriffen. Sein großer Bruder haut dem Peiniger eine runter (Katharsis). Der Vater des Jungen erliegt den Folgen eines Schlaganfalls.

Studentenfutter, eine Packung Oreo-Kekse

21:30
Ein Kleinganove vergewaltigt eine junge Frau. Sie folgt ihm aus Liebe in sein Städtchen. Als sie das Opfer einer Vergewaltigung durch einen anderen zu werden droht, schreitet überraschend der Kriminelle ein. Er schlägt den anderen zusammen und raubt ihn aus, nimmt ihn als Geisel. Lässt ihn wieder frei und verzichtet auf die Flucht.
Später schlägt er seinen Vater und bricht dem ihn

verfolgenden Polizisten die Schulter. Mit vorgehaltener Waffe versucht er, die junge Frau und den Flic zu sexuellen Handlungen zu nötigen, verzichtet jedoch auf die letztendliche Ausführung. Zum Schluss kehrt er unbehelligt zu seiner Ehefrau zurück.

Stullen mit Schinken und Käse

11. Februar

Oden mit Brot

14 Uhr
In einer Kleinstadt befinden sich zahlreiche Waffenläden und -manufakturen. Die Kunden treten auf die Ladenstraße und probieren die Gewehre mit Schüssen in die Luft. Kinder fangen mit Pappkartons die austretenden Patronenhülsen auf. Auch Haschisch liegt in Makronentörtchengröße auf dem Ladentisch.
In den umliegenden Bergen üben Väter mit ihren Söhnen das Schießen. Eines Nachts wird ein ca. fünfzehnjähriger Junge von einer herabfallenden Kugel schwer verletzt.

Ein Kaffee, ein Knoppers

16:30 Uhr
Züge rollen.
Der Moderator eröffnet die folgende Diskussion mit der These, dass es noch Hoffnung gäbe.

19:15 Uhr
Als eine ca. Sechzehnjährige erfährt, dass der Junge, den sie liebt, mit einer anderen das Neubaughetto verlassen will, schlägt sie die Rivalin mit mehreren Freundinnen

zusammen. Unter anderem rammt sie der am Boden liegenden einen Knüppel in den Mund.

Stullen mit Salami, ein Knoppers, ein Ballisto (orange)

21:45 Uhr
Bei einer Nachtrazzia in den Slums werden ca. 200 Männer verhaftet, die am nächsten Tag wieder auf freien Fuß gesetzt werden. Wahlkämpfer der regierenden Partei kaufen Stimmen. Handtaschenräuber, Beutelschneider und andere Diebe arbeiten und fliehen in der Hitze des gleißenden Tages. Ein Schmuckräuber lässt sich von seinem Hehler in Drogen auszahlen. Eine Schuljungenbande versucht, einen Jüngeren um seinen Rucksack zu betrügen. Dabei wird ein Jungbandit gefasst und aufs Revier verbracht. Der Polizist schlägt ihn, steckt kleine Eisenrollen zwischen seine Finger und drückt die Hand von den Seiten zusammen. Er erhält die gesamte Beute des Jungen.

Sieben Nürnberger Rostbratwürste

12. Februar

Oden mit Reis

12 Uhr
Ein Taschendiebsquartett wird von gedungenen Schlägern übel zugerichtet, unter anderem mit Brettern, aus denen Nägel ragen. Tags darauf tragen zwei von ihnen den Arm im Verband, einer geht auf Krücken, den letzten vermummt ein Kopfverband. (Komödie)

14 Uhr
Ein angehender Student vergewaltigt seine Schwester. Später dringt er in die Wohnung einer Frau im Nachbarhaus ein. Als bei dem durch Drohung und Ratlosigkeit zustande kommenden Verkehr mit dieser Frau sein Penis nicht erigieren kann, ersticht er sie.

Ein Kaffee, Stullen mit Salami und Käse

16:30 Uhr
Der Regisseur ist während der langjährigen Dreharbeiten gestorben, ein Kollege hat die Aufgabe zu Ende geführt.

19:15 Uhr
Boxerinnen entgehen durch ihren Sport der Prostitution und den schlimmeren Nachstellungen der Männer. Eine kann nicht mehr nach Hause, es könnte ihren Tod bedeuten. Im Wahlkampf rollen Panzer, die Nächte werden von Schüssen und Aufruhr zerrissen. Eine Leiche liegt auf morgendlicher Straße, einem Soldaten jubelt der Mob zu. Die Boxerinnen treffen am Wahltag ein Mädchen, deren Wunde in der feuchten Luft nicht verheilt, ihr Mann hatte sie in die Wange gebissen.
Der Trainer der Boxerinnen steckt sich bei einem Turnier fast das gesamte Geld ein, das ihnen zustände.

Ein Glas Champagner, siebzehn Nigiri-Sushi, drei Maki-Sushi, eine Tasse grüner Tee, ein halber Hummerrumpf, ein Glas Sake (Premierenfeier)

13. Februar

Eine Schale Nudeln mit Speck

14 Uhr
Eine junge Frau wird auf einem Dach von vier Herumlungerern vergewaltigt. Sie bittet die Peiniger vergeblich, sie zu töten. Ein anderer Jüngling hat zugesehen, freundet sich mit dem Opfer an. Er zeigt ihr seine Wohnung unweit des Dachs. Hier liegen vier zerstochene Leichen in ihrem Blut (plötzlich Farbe). Er hat sie getötet, da sie, seine Untermieter, ihn zu sexuellen Handlungen zwingen wollten.
Sie kehren aufs Dach zurück, die Herumlungerer am Abend ebenso. Der Jüngling ersticht die Nacht über die unter Drogen stehenden Lümmel und deren Freundinnen. Am Morgen springen er und die junge Frau vom Dach.

Ein Fernsehinterview

16:30 Uhr
Entlassene Soldaten konsumieren im Langzeiturlaub Drogen und reflektieren über ihre dreijährige Armeezeit, die sie unter anderem in Kampfgebieten verbrachten. Sie wären erst zu Männern gemacht worden, wüssten von dort erst, was Freundschaft ist und liebten immer noch jede Minute, nein, jede Sekunde.
Andere werden verrückt und von einer messianisch-orthodoxen Glaubensgemeinschaft missioniert. Oder von einem alten Geheimdienstoffizier eingefangen und in die Heimat geflogen.

Ein Schnitzel im Brot

19 Uhr
Ein minderjähriges Mädchen flieht von der Müllhalde, auf der sie lebt und von ihrem Großvater missbraucht wird. Sie erreicht das Nachbarland und wird von dem Mann, der ihr über die Grenze half, missbraucht.

Ein Kaffee, zwei Knoppers

21:30 Uhr
Ein Mann wird von seinen ehemaligen Kumpanen zusammengeschlagen. Sie stecken ihm ein Handy in den Mund. In diesem sind Aufnahmen gespeichert, die zeigen, wie er vor vier Jahren einen gegnerischen Fußballanhänger zu Tode geprügelt hat.

23:30 Uhr
Ein Fahrrad wird gestohlen. (Komödie)

Sieben Nürnberger Rostbratwürstchen mit Brot

14. Februar

Oden mit Reis

12:30 Uhr
Zahllose Anschläge und Überfälle. Die Untergrundkämpfer ziehen sich in eine einsame Berghütte zurück. Hier wird für den Vernichtungskrieg trainiert.
Verdächtige Abweichler werden verhört. Das sadistische Führerpaar der Untergrundgruppe übernimmt die Folterungen selbst oder lässt die gesamte Gruppe auf das Opfer einprügeln. Eine hübsche Frau wird genötigt, sich selbst zu schlagen. Als ihr Gesicht wie eine breiige Masse aussieht, befiehlt die Führerin ihr, in den Spiegel zu sehen. Die Frau verbleibt in der Hütte, angebunden an einen Pfahl, an dem sie defäkiert und, ohne Nahrung, wahnsinnig wird. Sie erfriert, wieder angebunden, in der Kälte vor der Hütte. Die Folterungen und Morde häufen sich. Eine Frau wird gezwungen, den eigenen Mann

nackt in der Umgebung zu begraben. Stalinisten werden sofort gemeuchelt.

Die Polizei spürt mit Hubschraubern das Versteck der Gruppe auf. Eine Abteilung von sechs Kämpfern flieht durch das verschneite Bergland (Katharsis). Sie besetzen eine Pension und verschanzen sich mit einer Geisel. Ein ziviler Vermittler wird erschossen. Einer der Sechs richtet das Gewehr auf einen Mitstreiter, weil der heimlich einen Keks gegessen hatte. Dieser Keks sei doch ein Symbol der Konterrevolution (verbriefte Anekdote).

Nach zehn Tagen stürmt die Polizei mit 1.500 Mann, Abrissbirnen und Wasserwerfern die Pension. Zwei Polizisten sterben, die Kämpfer werden unverletzt verhaftet.

Ein Kaffee, Stullen mit Salami und Käse

16:30 Uhr
Rachemord auf einem Volksfest. Die festgenommenen Täter, Onkel und Neffe, werden wenig später wieder entlassen. Der Neffe schneidet einem Polizisten das Ohr ab und sinnt auf weitere Taten. Durch die Liebe einer Frau wird er jedoch geläutert, möchte ein ehrlicher Mann werden und sich vermählen. Der Vater der Frau ist indes unbeugsam gegen die Heirat. Die Schmähungen zwischen Neffenfamilie und Brautvater verlangen Konsequenzen. Neffe und Braut fliehen. Auf der Flucht trennen sie sich noch einmal in einem verlassenen Haus, da der Neffe seinen Onkel nachholen möchte.

Die Braut verbleibt in diesem Versteck, wird jedoch entdeckt und von vier Männern bedrängt. Sie rammt sich versehentlich einen riesigen Nagel aus der Wand in den Rücken und wird halbtot von allen vier vergewaltigt.

Unterdessen hat der Neffe ein Dutzend Widersacher besiegt, muss schließlich aber ohne Onkel davonlaufen.

Im verlassenen Haus findet er seine Braut in den letzten Zügen. Er wird vom Brautvater und seinen Häschern eingeholt und totgeschlagen.

Eine Packung Schokowaffeln

19:30 Uhr
Eine junge Frau wird von ihrem Mann geschlagen. Sie findet bei ihrem Nachbarn Unterschlupf, worauf auch der geschlagen wird. Die Frau versteckt sich sodann bei einer Freundin des Nachbarn. Diese übt mit ihr das richtige Reagieren auf die Schläge des Mannes. Dieses Training gerät außer Kontrolle, die junge Frau wird erneut ernsthaft geschlagen.

22 Uhr
Ein ca. dreißigjähriger Mann wird entführt. Seine Drogen konsumierende Freundin bekommt einen seiner Finger zugeschickt. Helfen kann nur ein entstellter Großkrimineller. Man hatte ihn mit Benzin übergossen, in seinem Auto gefesselt und dieses angezündet. Er entkam aus dem ausgebrannten Fahrzeug.
Bei einer Schießerei zwischen vier Mafiosi sterben alle Beteiligten.

Stullen mit Zunge, Salami

Freitag, 15. Februar

Sechs Nürnberger Rostbratwürstchen, Stullen mit Salami

14 Uhr
Eine Frau wird vergewaltigt, ein Mann gefoltert. Die Täter gehören zu einer rivalisierenden Untergrundarmee und wollen die Waffen des Paares pressen. Im Weiteren

gibt es zwischen sechzig und hundert Toten bei zahllosen Bomben- und Brandanschlägen.

16:45
Eine Frau um die Fünfzig wird gebeten, ihren verstorbenen Ehemann zu identifizieren.

Sechs Nuggets (vom Huhn?), ein Kaffee, eine Packung Oreo-Kekse

19:30 Uhr
Zwei Tote bei einem Verkehrsunfall.

22:15 Uhr
Ein junges Mädchen wird entführt.

Stullen mit Käse und Salami, zwei Bananen, Salami

16. Februar

Stullen mit Salami

14:30 Uhr
Eine ca. Fünfundzwanzigjährige wird vergewaltigt. Sie isst daraufhin Unmengen fettes Essen, um ihre Schönheit zu verlieren. Später wird sie Bulimikerin.
Ein sie beschattender Polizist vergewaltigt sie. Er hatte seine Dienstwaffe mit grünem Gafferband an ihrer Hand befestigt. Sie erschießt ihn während seines Orgasmus. Bei einem anschließenden Amoklauf tötet sie vier oder fünf Passanten und wird von der Polizei erschossen. Noch vom Leichenwäscher wird sie missbraucht.

Stullen mit Bierschinken, Käse und Rucola, ein Kaffee

16:30 Uhr
Eine ca. dreißigjährige Frau wird geschlagen. Sie erleidet einen epileptischen Anfall.
Ein betrügerischer Ghettomusiker mit verkrüppeltem Fuß wird vor einem Club von konkurrierenden Gangster-Rappern gestellt. Unter schwarzer Leinwand wird er entweder getötet oder brutal zusammengeschlagen.

19 Uhr
Zwei Männer schlagen einen anderen zusammen und entkommen.
Der Freund einer Prostituierten erzählt ihr von einer nicht näher beschriebenen Straftat, die den beiden einen Neuanfang ermöglichen soll. Am nächsten Tag wird er von der Polizei abgeholt.

Bratnudeln mit Hühnerfleisch, ein Kännchen Jasmintee

21:30 Uhr
Ein illegaler Gastarbeiter kommt bei einem Arbeitsunfall ums Leben. Zwei seiner Kollegen, ebenfalls Flüchtlinge, müssen als Mitwisser sterben. Der Buchhalter der Arbeitgeberseite meldet die Vorfälle der Polizei und muss nun selbst mit seiner Tötung rechnen.

Kettle Chips, Salami, Wasser

17. Februar

Katharsis

www.ingramcontent.com/pod-product-compliance
Lightning Source LLC
Chambersburg PA
CBHW031543210526
45464CB00003B/1124

*9 7 8 1 9 8 1 4 3 6 7 1 2 *